Nils Neuber · Meike Breuer · Ahmet Derecik · Marion Golenia
Florian Wienkamp

Kompetenzerwerb im Sportverein

Nils Neuber · Meike Breuer
Ahmet Derecik · Marion Golenia
Florian Wienkamp

Kompetenzerwerb im Sportverein

Empirische Studie zum
informellen Lernen im Jugendalter

VS VERLAG

Bibliografische Information der Deutschen Nationalbibliothek
Die Deutsche Nationalbibliothek verzeichnet diese Publikation in der
Deutschen Nationalbibliografie; detaillierte bibliografische Daten sind im Internet über
<http://dnb.d-nb.de> abrufbar.

1. Auflage 2010

Lektorat: Stefanie Laux

VS Verlag für Sozialwissenschaften ist eine Marke von Springer Fachmedien.
Springer Fachmedien ist Teil der Fachverlagsgruppe Springer Science+Business Media.
www.vs-verlag.de

Umschlaggestaltung: KünkelLopka Medienentwicklung, Heidelberg
Titelfoto: Nils Eden, Medienlabor IfS Münster
Gedruckt auf säurefreiem und chlorfrei gebleichtem Papier
Printed in Germany

ISBN 978-3-531-17008-4

Inhalt

Abbildungsverzeichnis...8

Tabellenverzeichnis... 9

1 Einleitung...11

2 Theoretische Grundlagen...15
2.1 Informelles Lernen und Kompetenzerwerb im Jugendalter............... 17
2.1.1 Lernmodalitäten und Lernorte... 18
2.1.2 Informelles Lernen..20
2.1.3 Kompetenzerwerb..24
2.2 Informelles Lernen und Kompetenzerwerb im Sportverein.............. 28
2.2.1 Strukturmerkmale des Sportvereins.....................................29
2.2.2 Sportverein als sozialer Raum.. 31
2.2.3 Kompetenzerwerb im Sportverein.......................................34

3 Fragestellung.. 39

4 Methodik... 41
4.1 Forschungsdesign.. 41
4.2 Untersuchungsverfahren... 42
4.3 Untersuchungsgruppe.. 43
4.4 Untersuchungsdurchführung...46
4.4.1 Ablauf der Gruppendiskussionen... 47
4.4.2 Ablauf der Interviews.. 50
4.5 Untersuchungsauswertung... 51
4.5.1 Auswertung der Gruppendiskussionen....................................52
4.5.2 Auswertung der Interviews..52

5   Ergebnisse der Gruppendiskussionen.................................. 55

5.1   Personbezogene Kompetenzen.. 55

5.1.1   Personale Kompetenz.. 55

5.1.2   Soziale Kompetenz.. 56

5.1.2.1 Interaktionsfähigkeit und -bereitschaft................................. 57

5.1.2.2 Kooperationsfähigkeit und -bereitschaft................................ 58

5.1.2.3 Anpassungsfähigkeit und -bereitschaft................................. 59

5.1.2.4 Durchsetzungsfähigkeit und -bereitschaft.............................. 60

5.2   Sachbezogene Kompetenzen... 60

5.2.1   Kognitive Kompetenz... 60

5.2.2   Organisatorische Kompetenz... 61

5.2.3   Sportliche Kompetenz... 63

5.3   Zusammenfassung... 64

6   Ergebnisse der Interviewstudie..................................... 67

6.1   Erfolg anstreben.. 67

6.1.1   Trainingsprozess... 68

6.1.2   Wettkampf.. 71

6.1.3   Organisation von Events... 74

6.2   Mit Heterogenität umgehen... 76

6.2.1   Umgang mit Leistungsunterschieden.................................. 76

6.2.2   Umgang mit Altersunterschieden..................................... 78

6.3   Gemeinsam handeln... 81

6.3.1   Angriffe von außen... 82

6.3.2   Gemeinsame Freizeitgestaltung....................................... 84

6.4   Verantwortung übernehmen... 85

6.4.1   Übungsleitertätigkeit.. 85

6.4.2   Vorstandsarbeit.. 87

6.5   Mit dem Trainer interagieren... 88

6.6   Zusammenfassung...…..… 93

7   **Diskussion und Handlungsempfehlungen**...........…..................... 95
7.1   Zusammenfassende Diskussion..................…...................….....95
7.2   Handlungsempfehlungen... 97

8   **Literatur**...…..… 101

Abbildungsverzeichnis

Abb. 1:   Zusammenspiel von Bildungsmodalitäten und Bildungsorten
          (BMFSF, 2005, S. 130)... 21

Abb. 2:   Kompetenztabelle nach Düx (2006, S. 210)......................... 26

Abb. 3:   Forschungsdesign.. 41

Abb. 4:   Ablauf der Gruppendiskussion... 50

Abb. 5:   Ablauf der problemzentrierten Interviews............................51

Abb. 6:   Kompetenzmatrix des Settings Sportverein.......................... 66

Abb. 7:   Kompetenzen, die aus der Sicht von Jugendlichen im
          Trainingsprozess erworben werden................................... 69

Abb. 8:   Kompetenzen, die aus der Sicht von Jugendlichen im
          Wettkampf erworben werden.. 72

Abb. 9:   Kompetenzen, die aus der Sicht von Jugendlichen beim
          Organisieren von Events erworben werden.......................... 75

Abb. 10: Kompetenzen, die aus der Sicht von Jugendlichen im
          Umgang mit Leistungsunterschieden erworben werden........... 77

Abb. 11: Kompetenzen, die aus der Sicht von Jugendlichen im
          Umgang mit Altersunterschieden erworben werden............... 79

Abb. 12: Kompetenzen, die aus der Sicht von Jugendlichen bei
          Angriffen von außen erworben werden.............................. 83

Abb. 13: Kompetenzen, die aus der Sicht von Jugendlichen bei
          der gemeinsamen Freizeitgestaltung erworben werden.............84

Abb. 14: Kompetenzen, die aus der Sicht von Jugendlichen während
          einer Übungsleitertätigkeit erworben werden.......................86

Abb. 15: Kompetenzen, die aus der Sicht von Jugendlichen bei der
          Vorstandarbeit erworben werden.................................... 87

Abb. 16: Kompetenzen, die aus der Sicht von Jugendlichen bei
der Interaktion mit dem Trainer erworben werden.................90
Abb. 17: Überblick über die fünf Situationstypen............................93

Tabellenverzeichnis

Tab. 1: Modalitäten des Lernens..19
Tab. 2: Stichprobenbeschreibung Gruppendiskussion.......................48
Tab. 3: Stichprobenbeschreibung Problemzentrierte Interviews.............49
Tab. 4: Kompetenzmatrix der im Sportverein zu erwerbenden
personbezogenen Kompetenzen.......................................57
Tab. 5: Kompetenzmatrix der im Sportverein zu erwerbenden
sachbezogenen Kompetenzen..62

1 Einleitung

Bewegungs-, Spiel- und Sportaktivitäten gehören zu den häufigsten und subjektiv wichtigsten Tätigkeiten von Kindern und Jugendlichen. Der Sportunterricht ist das beliebteste Fach in der Schule; mit Bindungsraten von bis zu 60% erreicht der Sportverein mehr Heranwachsende als jede andere Jugendorganisation und rund 90% aller Jugendlichen bewegen sich selbstorganisiert (vgl. Schmidt, Hartmann-Tews & Brettschneider, 2006). Sporttreiben kann damit ohne Bedenken als *jugendspezifische Altersnorm* bezeichnet werden (Zinnecker, 1991). Bewegung, Spiel und Sport bieten aber nicht nur ein großes Erlebnispotenzial, sondern sie haben auch eine herausragende Bedeutung für die *Entwicklung von Heranwachsenden*: Für die Herausbildung einer „eigenständigen Persönlichkeit ist der Kinder- und Jugendsport ein wichtiges Erfahrungsfeld im Aufwachsen von Kindern und Jugendlichen – und die Wichtigkeit einer stabilen Persönlichkeit und Identität ist gar nicht hoch genug einzuschätzen" (Rauschenbach, 2006, S. 36).

Die *pädagogische Relevanz* von Sport und Bewegung ist in der Sportwissenschaft weitgehend unbestritten. Auch die Sportpraxis in Schulen und Vereinen geht ganz selbstverständlich vom Bildungspotenzial des Sports aus. Außerhalb dieser Szenen wird die pädagogische Bedeutung jedoch oft nicht erkannt. Die Tatsache, „dass Sport im Prozess des Aufwachsens von Kindern und Jugendlichen eine reale Bedeutung besitzt, ist gesellschaftlich viel zu wenig vermittelt" (Rauschenbach, 2006, S. 36). So blendet auch die Kindheits- und Jugendforschung die Relevanz von *Körper- und Bewegungserfahrungen* für Bildungsprozesse oftmals aus. Die Autoren einer repräsentativen Jugendbefragung stellen beispielsweise fest, dass Heranwachsende „Lernen, sich bilden" nicht zu ihren liebsten Freizeitbeschäftigungen zählen, fragen in diesem Kontext aber nur nach „Lesen, um etwas zu lernen", „Theater, Oper gehen" oder „Museen, Ausstellungen besuchen" (Zinnecker, Behnken, Maschke & Stecher, 2002, S. 68). „Sich Bewegen, aktiv Sportreiben" zählt in ihrer Untersuchung nicht zu den bildungsrelevanten Aktivitäten.

Da erstaunt es umso mehr, wenn der Zwölfte Kinder- und Jugendbericht der Bundesregierung das *Bildungspotenzial von Bewegung, Spiel und Sport* explizit herausstellt: „Dem Sport wird insgesamt eine maßgebliche Bildungswirksamkeit zugesprochen, die zunächst die unmittelbar körperbezogenen Kompetenzen

(Körpererfahrung, -ästhetik, -ausdruck), aber auch nicht unmittelbar sportbezogene Kompetenzen im sozialen, politischen und kognitiven Bereich einschließt (Teamfähigkeit, Selbstvertrauen, Selbstorganisation, Verantwortungsfähigkeit)" (BMFSFJ, 2005, S. 376). Das Verständnis von ‚Bildung' geht dabei über ein formales Konzept schulischen Lernens weit hinaus und bezieht auch non-formale und informelle Qualitäten ein. Zugleich werden unterschiedliche Bildungsorte angesprochen, deren strukturelle Rahmenbedingungen je unterschiedliche Bildungspotenziale bereithalten (vgl. BMFSFJ, 2005, S. 128-129). Die spezifische Bedeutung sportbezogener Settings bleibt allerdings unscharf.

Auch die sportpädagogische Forschung bietet hier zunächst wenig Abhilfe. Im Sinne einer Erziehung *zum* Sport und *durch* Sport geht die Fachdiskussion zumeist von einem zielgerichteten, systematischen pädagogischen Prozess aus (vgl. Scherler, 1997). Dieser intentionale Erziehungsbegriff wird nicht nur im schulischen, sondern auch im außerschulischen Kontext gebraucht. So konzipieren Baur und Braun (2000) das *Pädagogische einer Jugendarbeit im Sport* als Erziehung zum und durch Sport, die durch eine allgemeine, außersportliche Jugendarbeit ergänzt wird. Dabei gibt es durchaus andere Begründungsansätze. Schmidt-Millard (1991, S. 147) kommt in seiner pädagogischen Analyse des Sportvereins zu dem Schluss, dass von Erziehung in diesem Feld „zunächst nur im funktionalen Sinne die Rede sein [kann], d.h. die leitenden Wertvorstellungen dieses Ausschnitts der Lebenswelt werden aufgegriffen oder modifiziert und wirken so indirekt beim Aufbau des Selbst- und Weltverständnisses mit". Diese Argumentation wurde allerdings von der sportpädagogischen Diskussion bislang nur ansatzweise weiterverfolgt (vgl. Neuber, 2010).

Es mangelt also einerseits an spezifischen Arbeiten zum Bildungspotenzial des Kinder- und Jugendsports, andererseits fehlen Untersuchungen, die die pädagogische Bedeutung von Bewegungs-, Spiel- und Sportangeboten jenseits formal inszenierter Erziehungsprozesse in den Blick nehmen. Hier setzt die vorliegende Studie an. Ausgehend von der aktuellen Debatte um außerschulische Bildungsprozesse wird der *Kompetenzerwerb* Heranwachsender im Setting ‚Sportverein' untersucht. Im Vordergrund stehen dabei *informelle Lernprozesse* im Jugendalter. Theoretisch und empirisch schließt die Studie an Arbeiten zum freiwilligen Engagement im Jugendalter an (vgl. Düx, 2006), geht im Design mit einer Verknüpfung von Gruppendiskussionen und darauf aufbauenden Interviews aber auch eigene Wege.

Die Untersuchung geht zurück auf das Forschungsprojekt „*Kinder- und Jugendarbeit im Sportverein und ihre Bildungschancen*", das das Institut für Sportwissenschaft der Westfälischen Wilhelms-Universität Münster im Auftrag der Sportjugend Nordrhein-Westfalen sowie der Deutschen Sportjugend von 2007 bis 2009 durchgeführt hat. Als explorative Studie mit zwölf ausgewählten

Sportvereinen, die sich durch gute Jugendarbeit auszeichnen, kann die Untersuchung sicherlich nur erste Anhaltspunkte liefern. Auch die Problematik von Selbstauskunft-Studien sollte nicht ausgeblendet werden. Gleichwohl können die Untersuchungsergebnisse im Kontext der außerschulischen Jugendforschung als Indikator für den *Kompetenzerwerb im Sportverein* gewertet werden. Nicht zuletzt die hohe Bedeutsamkeit, die das Sporttreiben für viele Jugendliche hat, spricht für die Nachhaltigkeit und Signifikanz von Lernprozessen in diesem Feld.

Einleitend werden die theoretischen Grundlagen der Untersuchung vorgestellt (Kap. 2). Dazu gehören Überlegungen zum informellen Lernen und zum Kompetenzerwerb im Jugendalter ebenso wie eine Charakterisierung des Sportvereins als sozialer Raum sowie ein Überblick über vorhandene Studien zum Kompetenzerwerb im Verein. Die theoretischen Ausführungen werden kurz zusammengefasst und zu zwei empirischen Fragestellungen zugespitzt (Kap. 3). Im Methodenkapitel werden Forschungsdesign, Untersuchungsverfahren, Untersuchungsgruppe, Untersuchungsdurchführung und Untersuchungsauswertung vorgestellt (Kap. 4). Entsprechend dem zweischrittigen Design folgen die Ergebnisse der Gruppendiskussionen, die nach personenbezogenen und sachbezogenen Kompetenzen untergliedert sind (Kap. 5), sowie die Ergebnisse der Interviews, die in Form von fünf Situationstypen berichtet werden (Kap. 6). Eine zusammenfassende Diskussion mit Handlungsempfehlungen für die Sportvereinspraxis beschließt die Ausführungen (Kap. 7).

Unser Dank gilt den Mitarbeiterinnen und Mitarbeitern der beiden Sportorganisationen, die das Forschungsprojekt ermöglicht haben, insbesondere Silke Stockmeier, Jürgen Driever und Willi Geißler, die sich im Vorfeld sehr für das Zustandekommen der Untersuchung eingesetzt haben. Die Impulse aus dem Projekt gingen in ein interdisziplinäres Expertenhearing zum informellen Lernen im Sport (vgl. Neuber, 2010) sowie in den Orientierungsrahmen „Bildung" und den Forschungsverbund „Bildungspotenziale der Kinder- und Jugendarbeit im Sport" der Deutschen Sportjugend ein. Das Manuskript wurde von Ute Meures und Henrike Schürmann in bewährter Manier betreut – auch bei ihnen bedanken wir uns herzlich.

2 Theoretische Grundlagen

Die Bildungsdiskussion wird zurzeit auf zwei Ebenen geführt: In der *schulischen Bildungsdebatte* dominiert in der Folge repräsentativer Schulleistungsuntersuchungen die Frage nach dem ‚Output' des Schulsystems, der im Sinne zentraler Steuerung empirisch messbar gemacht wird (vgl. Hornberg & Bos, 2007). Einigkeit besteht darüber, „dass Bildung im Hinblick auf die Zukunftsausrichtung und Zukunftschancen von Kindern und Jugendlichen eine zentrale Stellung innehat" (Harring, Rohlfs & Palentien, 2007, S. 7). Unklar ist dagegen, wie der Bildungserfolg gesichert werden soll – zu stark wird er bis dato in Deutschland von der sozialen Herkunft bestimmt. Die *außerschulische Bildungsdebatte* grenzt sich explizit vom empirischen Bildungsbegriff der Schulleistungsuntersuchungen ab. Kritisiert wird nicht nur die Vernachlässigung körperlich-sinnlicher, ästhetischer, sozialer, politischer und reflexiver Momente von Bildung, sondern auch die einseitige Fixierung auf institutionalisierte Bildungsorte und Bildungsformen (vgl. Heim, 2008, S. 23-28).

Dagegen wird ein *handlungsorientierter Bildungsbegriff* gesetzt, in dem durch die aktive Aneignung von Welt kulturelle, instrumentelle, soziale und personale Kompetenzen entwickelt werden. Kennzeichnend dafür ist das Zusammenwirken unterschiedlicher *Bildungsorte* und *Bildungsmodalitäten*. Bildungsprozesse – so der Zwölfte Kinder- und Jugendbericht der Bundesregierung – können „in ihrer heutigen Form nur angemessen erfasst werden, wenn die Vielfalt der Bildungsorte und Lernwelten, deren Zusammenspiel, deren wechselseitige Interferenz und Interdependenz, aber auch deren wechselseitige Abschottungen wahrgenommen werden" (BMFSFJ, 2005, S. 104). Das bedeute, dass neben der Schule auch die *Bildungspotenziale* anderer Anbieter bzw. Arrangements, z. B. Gleichaltrigengruppen, Medien, Vereine, Verbände oder kommerzielle Anbieter, erkannt werden müssten.

In diesem Sinne formulieren auch die *Leipziger Thesen* des Bundesjugendkuratoriums einen erweiterten Bildungsbegriff: „Bildung ist der umfassende Prozess der Entwicklung und Entfaltung derjenigen Fähigkeiten, die Menschen in die Lage versetzen, zu lernen, Leistungspotenziale zu entwickeln, zu handeln, Probleme zu lösen und Beziehungen zu gestalten. Junge Menschen in diesem Sinne zu bilden, ist nicht allein Aufgabe der Schule. […] Angebote und Dienste der Kinder- und Jugendhilfe bieten einen spezifischen Erfahrungs-, Erlebnis- und

Erkenntnisraum und dienen der allgemeinen Förderung junger Menschen" (Bundesjugendkuratorium, 2002, S. 1). Sie eröffnen mit ihren je eigenen Zielsetzungen und Arbeitsweisen ein breites Bildungsangebot, das in enger Wechselwirkung zu Familie, Schule und beruflicher Bildung steht. Das spezifische *Profil dieser Bildungsprozesse* liegt vor allem in der Differenz zur Formalisierung schulischer Angebote und damit in der Chance, junge Menschen leichter zu erreichen als das in der Schule möglich ist (Bundesjugendkuratorium, 2002, S. 3).

Die Arbeitsweise der *Kinder- und Jugendhilfe* entwickelte sich „vornehmlich in den 1970er Jahren in Abgrenzung zu hierarchischen Eltern-Kind-Beziehungen, Leistungsbewertungen der Schule und der Arbeit, strengen Norm- und Wertvorstellungen und fehlenden Mitspracherechten" (Pauli, 2005, S. 3). Angebote der Kinder- und Jugendhilfe sind dementsprechend tendenziell durch Freiwilligkeit und Selbstbestimmung, Pluralität und Spontaneität, Prozessorientierung und Integration, Gegenwartsbezug und Bedürfnisorientierung gekennzeichnet. Sie sollen „an den Interessen junger Menschen anknüpfen und von ihnen mitbestimmt und mitgestaltet werden, sie zur Selbstbestimmung befähigen und zu gesellschaftlicher Mitverantwortung und zu sozialem Engagement anregen und hinführen" (KJHG, § 11,1).

Sportjugendverbände sind wie andere Jugendverbände auch als *freie Träger der Kinder- und Jugendhilfe* anerkannt. Gleichwohl ist ihre pädagogische Bedeutung umstritten: „Wo endet hier der bloße Mannschaftssport oder das Einzeltraining? Wo endet die freizeitorientierte, körperbezogene Betätigung von Kindern und Jugendlichen, also das auf Abschalten und Ausgleich zielende Gegenprogramm zur Schule? Und wo beginnt dann die Jugendarbeit im engeren Sinne, das pädagogisch-konzeptionelle, das organisierte, über Sport, Spiel und Spaß hinausgehende Bildungsangebot?" (Rauschenbach, 2009, S. 186). Hinter dieser Frage steht die normative Unterscheidung zwischen unverbindlichem ,*Sporttreiben'* und pädagogisch gehaltvoller *„Jugendarbeit'*. Sie basiert auf der Unterstellung, „dass es eine Grenzlinie gebe zwischen einer ,rein sportlich orientierten Arbeit' ohne pädagogische Qualität einerseits und einer ,eigentlichen' Jugendarbeit mit pädagogischem Anspruch anderseits" (Baur & Braun, 2000, S. 378).

Damit ist ein, wenn nicht sogar *das* Kernproblem der pädagogischen Begründung sportlicher Jugendarbeit benannt. Die vorliegende Studie greift die außerschulische Bildungsdebatte auf und bezieht sie auf die Jugendarbeit im Sportverein. Die Frage der pädagogischen Wirksamkeit des Sportengagements spielt dabei eine zentrale Rolle. Im Sinne der empirischen Erfassbarkeit wird allerdings dem pragmatischeren *Lernbegriff* gegenüber dem *Bildungsbegriff* der Vorrang gegeben. Dementsprechend wird im Folgenden statt von Bildungsorten und –-modalitäten von Lernorten und –-modalitäten gesprochen. Die Untersuchung schließt damit explizit an Studien zum freiwilligen Engagement im Jugendalter an (vgl. Düx, 2006; Sass, 2006; Düx, Prein, Sass & Tully, 2008), geht aber in Bezug auf das Setting ‚Sportverein' über sie hinaus. Entsprechend werden zunächst Grundlagen des informellen Lernens sowie des Kompetenzerwerbs im Jugendalter umrissen (vgl. Kap. 2.1), bevor die spezifischen Rahmenbedingungen sowie vorliegende Befunde zum Kompetenzerwerb im Sportverein dargestellt werden (vgl. Kap. 2.2).

2.1 Informelles Lernen und Kompetenzerwerb im Jugendalter

Jugendliche sind heute einem rasanten gesellschaftlichen Wandel ausgesetzt, der einerseits mit einer *Zunahme von Handlungsalternativen* verbunden ist, anderseits aber auch zu *Verunsicherungen und Orientierungsproblemen* führen kann (Hitzler, Bucher & Niederbacher, 2001, S. 14). Die Jugendphase ist damit zu Beginn des 21. Jahrhunderts durch vielfältige, oft ambivalente Anforderungen charakterisiert, die vom Individuum häufige Entscheidungen verlangen. Diese ‚Multioptionsgesellschaft' führt nicht selten zum ‚Switchen' zwischen verschiedenen Angeboten. Wopp (2007, S. 105) spricht in diesem Zusammenhang von der *Sowohl-als-auch-Generation*. Die Heterogenität juveniler Lebensstile lässt eindeutige Zuordnungen kaum noch zu – „die" Jugend gibt es nicht. In der pädagogischen Jugendforschung haben sich daher zwei Modelle durchgesetzt, die das Jugendalter aus unterschiedlichen Perspektiven begreifen und konzeptualisieren (vgl. Reinders, 2003).

Einerseits wird ‚Jugend' als *Moratorium* verstanden, d. h. als eigenständiger Lebensabschnitt zwischen Kindheit und Erwachsenenalter, der über ein soziokulturelles Eigengewicht verfügt. Die zentrale Kategorie dieses Ansatzes ist die autonome Lebensgestaltung der Jugendlichen in Abgrenzung zur älteren Generation. Aus dieser Autonomie und „der damit einhergehenden tendenziellen Freistellung von Kontrolle entwickelt sich ein Schonraum, der zu einer partiellen Entpflichtung wird und somit den Gegenwartsbezug dieser Phase hervorhebt" (Reinders & Butz, 2001, S. 916). Im Mittelpunkt steht die *Entfaltung im Hier und Jetzt*, das individuelle Alltagserleben und die Alltagsbewältigung. Wesentliche Bezugsgröße dafür ist die Gruppe der Gleichaltrigen.

Andererseits wird ‚Jugend' als *Transition* verstanden, d. h. als Übergangsphase vom Kindes- zum Erwachsenenalter. Die Adoleszenz dient danach vor allem der Vorbereitung auf das spätere ökonomisch und sozial selbstständige Erwachsenenleben. „Jugend bedeutet in diesem Modell: sich für später zu qualifizieren, sich auf das spätere Leben (vor allem auf Arbeit und Beruf) vorzubereiten. Ziel von Jugend ist vor allem die Herausbildung einer stabilen Persönlichkeit und einer integrierten Identität (...)" (Münchmeier, 1998, S. 3). Maßgeblich dafür ist eine ausdrückliche Zukunftsorientierung, die den *Entwicklungsaspekt von Jugend* hervorhebt. Wesentliche Bezugsgruppen sind Eltern und Lehrkräfte. Als Ansatz mit dem größten Geltungsbereich erweist sich das Konzept der Entwicklungsaufgaben, die von Heranwachsenden in einem bestimmten Lebensabschnitt bewältigt werden müssen (vgl. Reinders, 2003).

Beide Perspektiven sind für pädagogische Untersuchungen relevant, da die gegenwartsorientierte Entfaltung immer auch individuelle Entwicklungspotenziale beinhaltet und die zukunftsgerichtete Entwicklung zugleich kaum ohne juvenile Alltagsbezüge denkbar ist (vgl. Neuber, 2007). Auch die vorliegende Untersuchung ist im Schnittfeld von Moratoriums- und Transitionskonzepten verortet. Der Schwerpunkt des informellen Lernens verweist unmittelbar auf Formen des *Alltagslebens* und der *Alltagsbewältigung* von Jugendlichen. Es geht eben gerade nicht um formell inszenierte Lernarrangements, sondern um mehr oder weniger zufällige, alltägliche Lerngelegenheiten. Zugleich wird mit dem Schwerpunkt des *Kompetenzerwerbs* die Entwicklungsperspektive angesprochen. Die Frage lautet, was Jugendliche trotz – oder gerade wegen – fehlender pädagogischer Inszenierungen für ihr zukünftiges Leben lernen. Dazu werden zunächst Lernmodalitäten und Lernorte unterschieden, bevor informelles Lernen und Kompetenzerwerb konkretisiert werden.

2.1.1 Lernmodalitäten und Lernorte

Zur Abgrenzung der verschiedenen Ausprägungen des Lernens werden in der außerschulischen Bildungsdebatte drei Kategorien unterschieden, denen jeweils unterschiedliche *Lernmodalitäten* zugrunde liegen (vgl. Tab. 1). In der internationalen Diskussion hat sich eine Differenzierung „in formales, non-formales und informelles Lernen" durchgesetzt (Rauschenbach, Düx & Sass, 2006, S. 7). *Formales Lernen* findet danach hauptsächlich in staatlichen Bildungsinstitutionen statt und wird definiert als „Lernen, das üblicherweise in einer Bildungs- oder Ausbildungseinrichtung stattfindet, (in Bezug auf Lernziele, Lernzeit oder Lernförderung) strukturiert ist und zur Zertifizierung führt. Formales Lernen ist aus der Sicht des Lernenden zielgerichtet" (Overwien, 2006, S 46). Die Bildungseinrichtungen sind durch eine vergleichsweise starke Hierarchisierung charakterisiert und sie weisen „einen hohen Grad der Normierung des Bildungsangebots und der Leistungsmessung" auf (Leu, 2005, S. 361). Dieses Lernen wird zumeist in Unterrichtsprozessen realisiert.

Non-formales Lernen findet in der Regel nicht in staatlichen Bildungseinrichtungen statt und führt im Gegensatz zum formalen Lernen auch nicht zu einer Zertifizierung, wie z. B. dem Abitur. Dennoch „ist es systematisch (in Bezug auf

Lernziele, Lerndauer und Lernmittel)" (Overwien, 2006, S. 46). Auch dieser Lernprozess erscheint dem Lernenden zielgerichtet. Gegenüber dem formalen Lernen basiert das non-formale Lernen jedoch auf der Freiwilligkeit der Lernenden. Kennzeichnend ist darüber hinaus ein hoher Grad an Individualisierung. Im Gegensatz zu formalen Lernprozessen geht non-formales Lernen entsprechend oft mit einer hohen Identifikation der Lernenden mit dem Lerngegenstand einher, weshalb die Lernprozesse häufig nachhaltiger sind. Gerade der Kinder- und Jugendhilfe mit ihren Angeboten, Maßnahmen und Einrichtungen wird in dieser Hinsicht besondere Bedeutung beigemessen (vgl. Leu, 2005, S. 361).

Ein qualitativ wie quantitativ bedeutsamer Anteil der Bildung vollzieht sich schließlich auf der Ebene des *informellen Lernens*. Als informelles Lernen gelten „alle (bewussten und unbewussten) Formen des praktizierten Lernens außerhalb formalisierter Bildungsinstitutionen und Lernveranstaltungen" (BMBF, 2004, S. 29). Informelles Lernen ist also ein Lernen in der Lebenspraxis. Allerdings sind die Verläufe des informellen Lernens schwer greifbar, da sie selten geplant, vielmehr „vielfältig und bunt, häufig aber auch unstrukturiert, unsystematisch, zufällig und unübersichtlich" ablaufen (Düx, 2006, S. 237) und sich damit von formalen und non-formalen Lernprozessen deutlich unterscheiden. Gleichwohl wird dem informellen Lernen ein hohes Potenzial hinsichtlich des Kompetenzerwerbs in modernen Gesellschaften zugeschrieben (vgl. Kap. 2.1.2).

Tabelle 1: Modalitäten des Lernens (modifiziert nach Pauli, 2005).

Formales Lernen	*Non-formales Lernen*	*Informelles Lernen*
Zielgerichtet, strukturiert, verpflichtend	Weitgehend zielgerichtet, organisiert, freiwillig	Ungeplant, unorganisiert, freiwillig
Erziehung und Unterricht	Kurse, Übungsstunden, offene Angebote	Innere oder äußere Impulse
Kindergarten, Schule, Hochschule	Jugendzentrum, Sportverein, Volkshochschule	Familie, Peergroup, Medien
Zertifikate	Zumeist keine Zertifikate	Keine Zertifikate

Die analytisch getrennten *Lernmodalitäten* lassen sich im Lebensalltag oft nur schwer auseinander halten. Nicht nur die Art und Weise des Lernens, auch die Orte des Lernens verlieren zunehmend an Eindeutigkeit. In komplexen Gesellschaften findet „eine Entgrenzung der Bildungsorte und -modalitäten statt. Die Grenzen zwischen einzelnen Lebensbereichen verwischen, Übergänge werden fließend; so gilt z. B. die strikte Trennung zwischen Arbeit und Freizeit, zwischen allgemeiner und beruflicher Weiterbildung, zwischen Berufswelt und Privatsphäre in vielen Bereichen längst nicht mehr in der früher üblichen Form" (BMBF, 2004, S. 33). Während formale und non-formale Lernprozesse noch relativ eindeutig den schulischen und außerschulischen Bildungssystemen zuzuordnen sind, findet informelles Lernen letztlich in allen Bereichen statt. *Lernorte*, wie Familie, Kindertagesstätte, Schule, Gleichaltrigengruppe, Jugendarbeit, Nachhilfe, Jobs, Medien u. a. m., bieten mehr oder weniger günstige Rahmenbedingungen für informelle Lernprozesse.

Um das *Zusammenspiel von Lernmodalitäten und Lernorten* besser darstellen zu können, werden im Zwölften Kinder- und Jugendbericht beide Aspekte verknüpft – dabei beziehen sich die Autoren im Gegensatz zur vorliegenden Arbeit auf den Bildungsbegriff anstelle des Lernbegriffs (vgl. Abb. 1). Auf horizontaler Ebene wird ein fließender Übergang hinsichtlich des Grades der Strukturierung zwischen formalen und non-formalen Bildungssettings beschrieben. Auf der vertikalen Ebene wird in Bezug auf die Bildungsmodalitäten ein Kontinuum zwischen formellen und informellen Bildungsprozessen angenommen. Auf der Grundlage dieser Darstellung „lässt sich eine Typologie von Bildungsmodalitäten entwickeln, wobei sich zwischen den beiden Polen ‚formelle vs. informelle Bildungsprozesse' in der einen sowie ‚formale vs. non-formale Bildungsarrangements' in der anderen Richtung Möglichkeiten der Zuordnung mit fließenden Übergängen eröffnen" (BMFSFJ, 2005, S. 129). Ein Nachteil dieser Darstellung ist, dass informelle Settings damit nicht abgebildet werden. Die vorliegende Arbeit konzentriert sich auf informelle Bildungsprozesse im non-formalen Setting ‚Sportverein' (vgl. Kap. 2.2), die nach der Systematik im unteren rechten Viertel anzusiedeln sind.

2.1.2 Informelles Lernen

Auch wenn der Begriff bis vor wenigen Jahren in Deutschland kaum verbreitet war, ist die Diskussion zum informellen Lernen nicht neu. Bereits Anfang des vergangenen Jahrhunderts wurde informelles Lernen im englischsprachigen Raum, allen voran in den USA, als zentrale Lernform beschrieben (Overwien, 2005, S. 340). Als Urheber des Begriffs gilt John Dewey, der die Bedeutung der *Erfahrung in Erziehungs- und Bildungsprozessen* hervorhebt. In diesem Kontext befasst er sich mit unterschiedlichen Formen des Lernens und betrachtet „Informal Education" als Grundlage für formal organisierte Lernprozesse (vgl. Dewey, 1997, S. 9). Erst die Zunahme an gesellschaftlicher Komplexität habe zu einem verstärkten Bedarf an formaler Bildung geführt, deren Basis aber nach wie vor informelle Lernweisen sein müssten (vgl. Overwien, 2005, S. 340).

Nach einer Stagnation Mitte des 20. Jahrhunderts erlangte das informelle Lernen zu Beginn der 1970er Jahre wieder größere Aufmerksamkeit. Insbesondere die Arbeit der so genannten Faure-Kommission der UNESCO hat zur Verbreitung des Begriffs beigetragen. In einer international viel beachteten Publikation schätzt die Kommission, dass informelles Lernen etwa 70% aller menschlichen Lernprozesse umfasst (vgl. Faure, 1973). Dadurch wird die grundsätzliche Bedeutung informellen Lernens für das Lernen des Menschen hervorgehoben. Deweys Ausführungen folgend wird auch betont, dass formales Lernen auf informellen Lernprozessen beruht (vgl. Faure, 1973, S. 53). Vor allem mit Blick auf die Veränderungen der Arbeitswelt wird in der Folge eine Kombination aus formalem und informellem Lernen gefordert (vgl. Overwien, 2005).

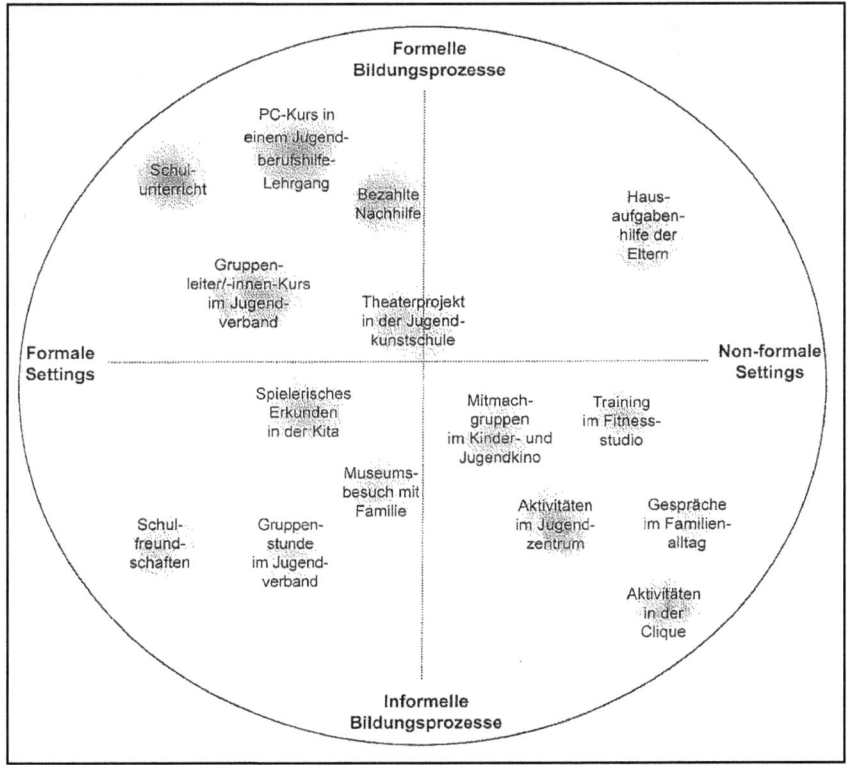

Abbildung 1: Zusammenspiel von Bildungsmodalitäten und Bildungsorten (BMFSF, 2005, S. 130).

Im deutschsprachigen Raum fand der Begriff des informellen Lernens erst mit Beginn der 1980er Jahre Gebrauch. Zunächst wurde er in der entwicklungspolitisch orientierten Erziehungswissenschaft verwendet (vgl. Overwien, 1999). Anschließend erlangte er vor allem im Bereich der Erwachsenenbildung Bedeutung (vgl. Dohmen, 2001). In jüngerer Zeit wird der Begriff des informellen Lernens zunehmend im Feld der Kinder- und Jugendarbeit genutzt (z.b. Lipski, 2004; Otto & Kutscher 2004; BMBF, 2004). Der Vorschlag, informelle Bildung nicht nur außerhalb formaler und non-formaler Bildungsprozesse anzusiedeln, sondern ihn auch zur Gestaltung von Lernumgebungen, etwa in der Schule, zu verwenden (Overwien, 2006, S. 40), wurde im Rahmen der Ganztagsschuldiskussion bislang allerdings nur ansatzweise aufgenommen (vgl. Otto & Coelen, 2004). Gleichwohl prägt die Diskussion um informelle Lernprozesse die außerschulische Bildungsdiskussion nach wie vor in hohem Maße (vgl. Düx et al., 2008).

Im Allgemeinen wird davon ausgegangen, dass informelles Lernen weniger routinemäßig, als vielmehr problemgeleitet stattfindet (vgl. Watkins & Marsick, 1990, S. 6). Im Gegensatz zum formalen Lernen ist das Lernen nicht selbst der Zweck, sondern die *Lösung einer Aufgabe*, einer Anforderung, die sich in einer aktuellen Situation stellt. In diesem Sinne folgt informelles Lernen nicht der schulischen ‚Als-Ob-Logik', sondern ist ein *Lernen unter Ernstbedingungen* (vgl. Düx et al., 2008, S. 257). Lernende stufen ihren informellen Kompetenzerwerb daher oft als bedeutsam ein; man kann auch von ‚signifikantem Lernen' sprechen (vgl. Livingstone, 1999). Da in einem solchen handlungsbezogenen Lernprozess die Gefahr von Irrtum und Fehlern steckt, kommt es durch informelles Lernen – im positiven Fall – zu *Neu- bzw. Umorientierungen im Handeln*, was einer Perspektiverweiterung im bildungstheoretischen Sinne nahe kommt.

Der Begriff des informellen Lernens weist eine gewisse Nähe zu verwandten Begriffen auf. So kann das *inzidentelle Lernen* als Sonderfall eines beiläufigen, nicht zielgerichteten und nicht reflektierten informellen Lernens verstanden werden. Inzidentelles und informelles Lernen unterscheiden sich also im Grad der Absicht und der Reflexion voneinander. Selbstgesteuertes informelles Lernen ist in erster Linie intentional, beiläufiges inzidentelles Lernen demgegenüber nicht (vgl. Overwien, 2005, S. 343). Auch die Abgrenzung von inzidentellem und *implizitem Lernen* ist nicht vollständig trennscharf. Beide Lernprozesse verlaufen zumeist unbewusst. Informelles Lernen ist jedoch im Gegensatz zum impliziten Lernen grundsätzlich bewusstseinsfähig und somit der subjektiven Reflexion zugänglich. Ähnlich kann die Abgrenzung zum Begriff der *Sozialisation* vorgenommen werden. Sozialisationsbedingte Verhaltensänderungen kommen zu großen Teilen durch indirekte Anpassungen zustande, die dem Bewusstsein in der Regel nicht zugänglich sind – auch wenn neuere Sozialisationstheorien die reflexive Handlungsfähigkeit des Individuums betonen (vgl. Hurrel-mann, 2002).

Der *Forschungsstand* zum informellen Lernen ist vielschichtig. Am umfas-sendsten sind die Befunde zu informellen Lernprozessen in der beruflichen Wei-terbildung, die insbesondere die Aneignung von Wissen und die Weitergabe von Erfahrungen thematisieren (Overwien, 2006, S. 47-57). Auch in internationaler Perspektive liegen zahlreiche Studien vor (Dohmen, 2001). In Bezug auf das *informelle Lernen im Jugendalter* ist die Befundlage dagegen weniger umfas-send. Positive Wirkungen werden zumeist nur angenommen, bislang aber kaum empirisch nachgewiesen. Vor allem der „Forschungsstand für die organisierten Freizeitangebote der Vereine und Verbände oder auch der offenen Jugendarbeit [muss] als weitaus defizitärer [als in anderen Bereichen] charakterisiert werden. Was bislang fehlt, sind sowohl quantitative als auch qualitative Studien, die sich der Frage nach dem außerunterrichtlichen Kompetenzerwerb systematisch und in erster Linie aus dem Blickwinkel der Kinder und Jugendlichen selbst nähern" (Grunert, 2006, S. 30).

Eine Ausnahme betrifft den Bereich der *Freizeitaktivitäten* von Heranwach-senden. So kommt eine Untersuchung des Deutschen Jugendinstituts zum außer-schulischen Lernen von 10- bis 14-Jährigen zu dem Ergebnis, dass informelle Lernprozesse in der Freizeit vor allem interessengeleitet ablaufen; das Hauptinte-resse der Heranwachsenden liege in sportlich-spielerischen Aktivitäten (Lipski, 2004). Daneben liegen Untersuchungen zum *freiwilligen Engagement* von Ju-gendlichen vor, die insbesondere personale und soziale Kompetenzen herausstel-len, die durch praktisches Tun sowie durch ein Lernen am Modell erworben werden. Teilhabe, Sinnstiftung und biografische Orientierung gelten dabei als wesentliche Voraussetzungen für informelles Lernen (Düx, 2006). Erste Unter-suchungen zum *informellen Lernen im Sport* betreffen z. B. Lernprozesse in der bewegten Schulhofpause, im Vereinssport oder im freiwilligen Engagement als Sport- oder Gruppenhelfer (vgl. Neuber, 2010).

Inwiefern informelles Lernen pädagogisch gefördert werden kann, ist um-stritten. In einem engen Begriffsverständnis beziehen sich informelle Lernpro-zesse ausschließlich auf das Individuum und entziehen sich damit jeglicher pä-dagogischer Inszenierung. Overwien (2004) unterscheidet dagegen zwischen *Lernprozessen*, die ausschließlich subjektiv verlaufen, und *Lernumgebungen*, die gestaltet werden können. Informelles Lernen kann dann durch informelle Bil-dungsprozesse unterstützt werden, wenn „anregende Lernumgebungen konstru-iert werden und/oder die Fähigkeit zur Selbststeuerung gestärkt wird" (Overwien, 2004, S. 58). Im Sinne einer ‚vorbereiteten Umgebung' werden da-mit zielgerichtet und systematisch Rahmenbedingungen informellen Lernens gestaltet, ohne die Selbststeuerung der Individuen einzuschränken. Ähnlich argumentieren Marsick, Volpe und Watkins (1999, S. 91) und formulieren fünf allgemeine Prinzipien, durch die informelles Lernen unterstützt werden kann:

- Zeit und Raum für Lernen schaffen,
- das Umfeld auf (Lern-)Gelegenheit überprüfen,
- die Aufmerksamkeit auf Lernprozesse lenken,
- die Reflexionsfähigkeit stärken und
- ein Klima von Zusammenarbeit und Vertrauen schaffen.

2.1.3 Kompetenzerwerb

Dem informellen Lernen wird ein hohes Potenzial zugeschrieben, eben jene Kompetenzen zu vermitteln, die Jugendliche benötigen, um sich in modernen Gesellschaften zurechtzufinden und eine eigene Identität aufzubauen. Aktuelle Studien bestätigen die hohe Bedeutsamkeit informellen Kompetenzerwerbs jenseits institutionell strukturierter Erziehungsprozesse (vgl. Düx, 2006; Sass, 2006; Düx et al, 2008). Als gängigste *Kompetenzdefinition* wird nicht zuletzt im Rahmen von Schulleistungsuntersuchungen das Verständnis von Weinert (2001, S. 27-28) herangezogen, der Kompetenzen versteht als die „bei Individuen verfügbaren oder von ihnen erlernbaren kognitiven Fähigkeiten und Fertigkeiten, um bestimmte Probleme zu lösen, sowie die damit verbundenen motivationalen, volitionalen und sozialen Bereitschaften und Fähigkeiten, die Problemlösungen in variablen Situationen erfolgreich und verantwortungsvoll nutzen zu können".

Individuen erwerben demnach Fähigkeiten und Fertigkeiten, die es ihnen ermöglichen, situative Anforderungen zu bewältigen, und die ihnen helfen, einen gelungenen Entwicklungsprozess zu durchlaufen. Die dafür notwendigen Kompetenzen werden im Handeln erworben; sie sind „kontextualisiert und spezifisch, aber auf Transfer und Verallgemeinerung angelegt" (Klieme & Hartig, 2007, S. 13). Kompetenzen, die in speziellen *Handlungssituationen* erworben werden, können also auf ähnliche Situationen übertragen werden. Grundsätzlich werden in der pädagogischen Psychologie zwei Arten von Kompetenzmodellen unterschieden: Während sich *Kompetenzstrukturmodelle* mit unterschiedlichen Dimensionen einer Kompetenz befassen, z. B. mit Rezeption, Bewusstheit und Produktion als Teildimensionen der Fremdsprachenkompetenz, untersuchen *Kompetenzniveaumodelle* die Ausprägung einer Kompetenz vor dem Hintergrund der Aufgabenschwierigkeit, etwa einer mathematischen Aufgabe (vgl. Hartig & Klieme, 2006).

Beide Modelle stehen allerdings dem Paradigma einer möglichst exakten Messbarkeit von Kompetenzen nahe. Sie folgen damit einem funktional-pragmatischen Bildungskonzept, das für die Steuerung formaler Bildungsprozesse hilfreich sein mag, das aber wesentliche *Bildungsmomente*, wie z.b. körperlich-sinnliche, ästhetische oder kritisch-reflexive, ausblendet (vgl. Messner, 2003). In der außerschulischen Bildungsdebatte hat sich daher ein Bildungsverständnis durchgesetzt, das ebenfalls von der situativen Gebundenheit des Kompetenzerwerbs ausgeht, das aber weniger kognitiv aufgeladen und stärker alltagsbezogen ist. Kompetenzen werden in diesem Sinne verstanden als „anwendbares und angewandtes Wissen und Können, die sich in einer Tätigkeit und durch die Tätigkeit bilden und vertiefen, aber auch durch die Tätigkeit sichtbar werden" (Düx et. al, 2008, S. 27). Sie werden damit weniger als Produkt formell inszenierter Lernprozesse angesehen, sondern eher als Ergebnis informeller Prozesse im Sinne einer ‚Alltagsbildung' (vgl. Rauschenbach, 2009).

Auch nach dieser Lesart können unterschiedliche *Kompetenzdimensionen* oder -klassen unterschieden werden. Erpenbeck und Rosenstiel (2003) verstehen Kompetenzen beispielsweise als Dispositionen selbstorganisierten Handelns und unterscheiden personale, aktivitäts- und umsetzungsorientierte, fachlich-methodische und sozial-kommunikative Kompetenzen. In Anlehnung an eine Untersuchung von Düx (2006) zum freiwilligen Engagement im Jugendalter werden im Folgenden die Hauptkategorien ‚Personenbezogene Kompetenzen' und ‚Sachbezogene Kompetenzen' unterschieden. Die *personenbezogenen Kompetenzen* werden in personale, auf sich selbst bezogene, und soziale, d.h. auf andere Personen bezogene Kompetenzen unterteilt (vgl. Abb. 2). Nach Kirchhöfer (2004, S. 65) bezeichnet personale Kompetenz „die Disposition, sich selbst gegenüber reflektierend zu handeln und kritisch zu sein, verbunden mit der produktiven Einstellung, Werthaltung und Ideale zu entwickeln (reflexiv in Bezug auf die eigene Person)". Soziale Kompetenz umfasst dagegen die Gesamtheit des Wissens, der Fähigkeiten und Fertigkeiten, die die Qualität des eigenen Sozialverhaltens fördert (Kanning, 2003). Die *sachbezogenen Kompetenzen* werden differenziert in kognitive, organisatorische, handwerklich-technische sowie kreativ-musisch-sportliche Kompetenzen.

Grundsätzlich ist zu berücksichtigen, „dass dieser Versuch einer schematischen Zuordnung von Kompetenzen nur als analytisches Modell zu verstehen ist, dessen Dimensionen sich in der Realität zumeist vermischen" (Düx, 2006, S. 209). Einer Überprüfung der Gütekriterien im Sinne empirisch-analytischer Forschungsansätze dürfte diese Systematik kaum standhalten. Allerdings ist die Messbarkeit von Kompetenzen auch nicht das Ziel qualitativer Untersuchungen. Vielmehr sollen in der angesprochenen Studie *Facetten des Kompetenzerwerbs* im freiwilligen Engagement aus der Sicht von Jugendlichen rekonstruiert werden. In diesem Sinne ist die Kompetenzsystematik auch für die vorliegende Untersuchung leitend (vgl. Kap. 5). Die *Kompetenzentwicklung* vollzieht sich dabei nach Dohmen (2001, S. 44-45) „in einem offenen Wechselverhältnis zwischen persönlicher Erfahrungsverarbeitung und ihrer konstruktiven Zuspitzung auf praktische Umsetzungsmöglichkeiten und Handlungsentscheidungen in einer gegebenen Umwelt (…)". Das ‚Wie' des Kompetenzerwerbs kann damit als *Learning by Doing* charakterisiert werden, d.h. als ein „Handeln, Ausprobieren und Sammeln von eigenen Erfahrungen in der Praxis" (Düx et al., 2008, S. 267).

Personenbezogene Kompetenzen				Sachbezogene Kompetenzen			
Perso-nale Komp.	Sozialkompetenzen			Kogni-tive Komp.	Organi-satori-sche Komp.	Hand-werkl.-techn. Komp.	Krea-tiv-mu-sisch-sportl. Komp.
Selbstbe-wusstsein Selbst-ständig-keit/ Selbstbe-stimmung Durch-haltever-mögen Belast-barkeit Offenheit Flexibili-tät Selbstre-flexivität/ Selbster-kenntnis Biografi-sche Orientie-rung Entwick-lung von Werten	Verant-wor-tungsbe-reitschaft Kommu-nikations-fähigkeit Zuverläs-sigkeit Koopera-tionsfä-higkeit Konflikt-fähigkeit Kritikfä-higkeit Problem-lösungs-kompe-tenz	Politisch-demokrat. Kom-petenzen Leitungs-kompe-tenz Überzeu-gungsfä-higkeit Durchset-zungsver-mögen Komp. zur sozia-len Inte-gration Einord-nen in hierarchi-sche Struktu-ren	Toleranz Empathie Helfen, Beraten, Unter-stützen Bezie-hungs-kompe-tenz Interkul-turelle Kompe-tenz Pädago-gische Kompe-tenz Gender-Kompe-tenz	Refle-xionsfä-higkeit Allge-mein-wissen Techni-sches/na-turwiss. Wissen Politi-sches Wissen Umwelt-wissen Pädagog. Wissen Relig. Wissen Rechts-wissen Organisa-tionswis-sen Rhetori-sche Kompe-tenzen Grenzen erkennen	Mitbe-stim-mung/ Mitge-staltung Organisa-tionsver-mögen Lernfä-higkeit Informa-tionsbe-schaffung Medien-komp. Gremien-komp. Metho-denkomp. Öffent-lichkeits-arbeit Nutzung der Orga-nisations-struktu-ren Verwal-tung/Ge-schäfts-führung	Techni-sche Kompe-tenzen Versor-gung/ Bergung Verletzter Katastro-phen-schutz Hand-werkliche Kom-petenzen	Musikali-sche Kompe-tenzen Sportli-che Kom-petenzen Verfassen von Tex-ten Kreatives Gestalten Ideen ent-wickeln Theater spielen

Abbildung 2:   Kompetenztabelle nach Düx (2006, S. 210).

Im Sinne informeller Lernprozesse können folgende Voraussetzungen für einen nachhaltigen, handlungsbezogenen Kompetenzerwerb formuliert werden (Dohmen, 2001, S. 45):

- Ohne Herausforderungen und Erfahrungen aus der Umwelt kommt es weder zu handlungswirksamer Wissensentwicklung, noch zur Entwicklung entsprechender Kompetenzen.
- Ohne eine gezielte Entwicklung von Erschließungs- und Umsetzungskompetenzen können Erfahrungen nicht konstruktiv ausgewertet und nicht praktisch nutzbar gemacht werden.
- Außerhalb eines konstruktiven Wechselwirkungsverhältnisses zwischen Person und Umwelt bleibt das Lernen formal und für die Lernenden tendenziell uninteressant.
- Ohne ergänzende Konfrontation mit einer größeren Breite bereits verfügbarer Bestände sozialen Wissens bleiben Lernen und Handeln in einem zu engen beschränkten Horizont.
- Ohne die Integration von informellem Erfahrungslernen und nachfragendem Reflexionslernen bleibt auch die Kompetenzentwicklung einseitig und beschränkt.

Diese Grundsätze beziehen sich ursprünglich auf den informellen Kompetenzerwerb im Rahmen der beruflichen Weiterbildung Erwachsener. Die Grundidee kann jedoch auf den Kompetenzerwerb Heranwachsender übertragen werden, wenn die besonderen Bedingungen des Jugendalters berücksichtigt werden (vgl. Kap. 2.1). Wenn es gelingt, Jugend nicht nur aus einer Erwachsenenperspektive als Entwicklungsphase zu begreifen, sondern ihr auch ein jugendkulturelles Eigengewicht zuzubilligen, kann ein informeller Kompetenzerwerb gelingen. Eine zentrale Bedeutung kommt dabei der *Gleichaltrigengruppe* zu, in deren Rahmen Heranwachsende sowohl gegenwartsorientiert ihre Freizeit verbringen, über Aushandlungsprozesse und gemeinsame Aktivitäten aber auch zukunftsrelevante Kompetenzen erwerben. *Kompetenzentwicklung im Jugendalter* heißt dann einerseits, „die Bedeutung positiver Gleichaltrigenbeziehungen für die Entwicklung sozialer, emotionaler und kommunikativer Kompetenzen anzuerkennen" und andererseits „Räume und Gestaltungsmöglichkeiten für Gleichaltrigenbeziehungen zur Verfügung zu stellen" (de Boer, 2008, S. 31). Ein sozialer Raum, den Jugendliche in hohem Maße schätzen und der ihnen vielfältige Gestaltungsmöglichkeiten bietet, ist der Sportverein.

2.2 Informelles Lernen und Kompetenzerwerb im Sportverein

In Deutschland gibt es über 90.000 Sportvereine, die sich in ihrer Ausrichtung und Größe zum Teil erheblich unterscheiden. Grundsätzlich handelt es sich dabei um *Freiwilligenorganisationen*, in denen sich Menschen zusammenschließen, die gemeinsam Sport treiben wollen und dafür einen passenden Rahmen suchen (Baur & Braun, 2001). Im Allgemeinen ist unter einem Verein eine auf Dauer angelegte Verbindung einer größeren Anzahl von Personen zur Erreichung eines gemeinsamen Zwecks zu verstehen, die sich mittels einer Satzung körperschaftlich organisiert (vgl. Heinemann, 2004). Die überwiegende Zahl der Sportvereine ist als gemeinnützig anerkannt und verfolgt gesellige, kulturelle und gesellschaftspolitische Ziele. Insbesondere dienen sie der *Pflege des Sports* sowie der *Förderung der Jugend*. Der primäre Organisationszweck von Sportvereinen dürfte allerdings darin bestehen, „die organisatorischen Rahmenbedingungen für die Realisierung von Sportinteressen herzustellen" (Braun & Baur, 2000, S. 57).

Auch für die meisten Jugendlichen liegt darin die zentrale Motivation, Mitglied eines Sportvereins zu sein. Sie sehen den Verein in erster Linie als einen Ort, „an dem ihren sportlichen Interessen Rechnung getragen, ihre sportliche Ambitionen unterstützt und ihre sportlichen Leistungen systematisch verbessert werden" (Brettschneider, 2003, S. 28). Daneben ist er für sie ein Ort für soziale Kontakte und Geselligkeit – und nicht zuletzt ein Ort für soziales Engagement. Stellt man die *Bedürfnisse und Interessen von Jugendlichen* in den Vordergrund, dürften kaum Zweifel an der pädagogischen Bedeutung des Sportvereins bestehen. Mit Bindungsraten von über 50% je nach Alter und Geschlecht kommt kein anderer Jugendverband auch nur annähernd an den Partizipationsgrad der Sportvereine heran (vgl. Schmidt, Hartmann-Tews & Brettschneider, 2006).

Allerdings bleibt zu klären, inwieweit Heranwachsende ihr sportliches Engagement mitbestimmen und dabei pädagogisch wertvolle Erfahrungen machen können. Tatsächlich entspricht gerade der von pädagogischen Laien angeleitete, wettkampforientierte *Kinder- und Jugendsport* nicht immer den Ansprüchen einer reflektierten Jugendbildung. Bisherige Studien fokussieren zumeist intentionale Erziehungsprozesse im Sportverein. Ein informeller Kompetenzerwerb ist bislang nicht näher untersucht worden. Um die spezifischen Voraussetzungen dafür zu umreißen, werden zunächst allgemeine Strukturmerkmale sowie Kennzeichen des Sportvereins als Sozialraum vorgestellt, bevor vorliegende Untersuchungen zum Kompetenzerwerb im Sportverein zusammengefasst werden.

2.2.1 Strukturmerkmale des Sportvereins

In Anbetracht der Vielzahl von Sportvereinen in Deutschland kann nicht von ‚dem' Sportverein gesprochen werden. Vielmehr existieren verschiedenartige Sportvereine nebeneinander, die sich unter anderem durch ihre Abteilungszahl, ihre Größe, ihr Alter, ihre regionalen Lage, den Merkmalen ihres Sportangebotes sowie dem Vorhandensein einer hauptamtlichen Geschäftsführung unterscheiden (vgl. Heinemann & Horch, 1988, S. 108). Um die unterschiedlichen Ausprägungen zu charakterisieren, greift die Vereinsforschung auf fünf konstitutive Merkmale von Heinemann und Horch (1988) zurück:

1. *Freiwillige Mitgliedschaft:* Jeder kann Mitglied in einem Sportverein werden. Die Mitgliedschaft ist weder durch Geburt noch durch politische, soziale, wirtschaftliche oder rechtliche Zwänge begründet. Mitglieder können sich für oder gegen die Ziele eines Sportvereins entscheiden. Wenn die eigenen Erwartungen bezüglich des Angebotes nicht erfüllt werden, kann das Mitglied jederzeit aus dem Verein austreten. Die freiwillige Mitgliedschaft ist zum einen Voraussetzung, zum anderen aber auch Rechtfertigung für die Autonomie der Sportvereine. Wenn der Einzelne über seine Mitgliedschaft frei entscheiden kann, wird dem Sportverein zugebilligt, dass er Ziele, Regeln und Verfahrensweisen selbstständig festlegen und gegenüber Mitgliedern durchsetzen darf.

2. *Orientierung an den Interessen der Mitglieder:* Da die Mitgliedschaft in einem Sportverein freiwillig ist, können Mitglieder nur durch gemeinsame Ziele und ein den Erwartungen und Interessen aller angepasstes Angebot gebunden werden. Interessenorientierung bedeutet, dass die Mitgliedschaft in einem Sportverein begründet wird und Mitglieder vor allem Beiträge und ehrenamtliche Ressourcen zur Verfügung stellen, solange das Angebot den Interessen entspricht. Da die Mitgliedschaft über die Ziele des Sportvereins definiert wird, muss der Sportverein versuchen, seine Leistungsstruktur den Erwartungen und Interessen der Mitglieder anzupassen.

3. *Demokratische Entscheidungsstruktur:* Damit Mitglieder ihre Erwartungen und Interessen in Entscheidungsprozesse eines Sportvereins einbringen und die Vereinsziele mit beeinflussen können, müssen demokratische Entscheidungsstrukturen gegeben sein (§32 BGB). Neben der Mitgliederversammlung können sich durch eine Verankerung der ‚Eigenständigkeit der Jugend' in der Vereinssatzung jugendliche Mitglieder in einem Jugendvorstand selbst verwalten und eigene Ziele und

Vorstellungen im Sinne einer Mehrheitsgewinnung in den Gremien einbringen und durchsetzen (z.B. durch mehrere Jugendvertreter im Gesamtvorstand). Das individuelle Stimmrecht bildet dabei die Beteiligungsbasis aller Mitglieder, die wiederum in der Vereinssatzung geregelt ist.

4. *Unabhängigkeit gegenüber Dritten:* Sportvereine verfolgen ihre Ziele autonom bzw. unabhängig von Dritten. Durch finanzielle Leistungen und sonstige Ressourcen der Mitglieder werden die Vereinsziele erreicht; insofern ist der Verein abhängig vom Engagement seiner Mitglieder. Darüber hinaus entscheiden die Mitglieder im Sinne der Vereinigungsfreiheit (GG Artikel 9, Absatz 1) eigenständig über die Gründung, die Vereinspolitik und die Auflösung des Sportvereins. Durch die Autonomie besteht ein Subsidiaritätsprinzip zwischen Staat und Sportverein, wodurch öffentliche Mittel in Anspruch genommen werden können (vgl. Nagel, Conzelmann & Gabler, 2004, S. 14).

5. *Ehrenamtliche Mitarbeit:* Die ehrenamtliche Mitarbeit ist eine zentrale Ressource des Sportvereins. Ehrenamtliche Mitarbeiter, wie Vorstände, Kassenwarte oder Jugendtrainer, helfen freiwillig, bringen Leistungen unentgeltlich und in der Regel ohne direkte Gegenleistung ein. Dadurch können Interessen und Wünsche in einer Solidargemeinschaft gemeinschaftlich verwirklicht sowie der Sportverein nach den eigenen Vorstellungen mitgestaltet werden.

Über diese fünf konstitutiven Strukturmerkmale hinaus können Sportvereine durch weitere, „vereinsspezifische Tatbestände" charakterisiert werden (Heinemann & Horch, 1988, S. 112). Dazu gehört zum einen der *Vereinstypus*, der durch die Mitgliederzahl, die Art und Zahl der Sportarten, die Zusammensetzung der Mitglieder, die regionale Lage und den Umfang der leistungs- und breitensportorientierten Angebote gebildet wird. Zum anderen kann der spezifische Sportverein durch *Einflüsse von außen*, die das jeweilige Vereinsgeschehen prägen, gekennzeichnet werden. Dazu zählen der Umfang des öffentlichen Interesses am Verein, die finanzielle Unterstützung und die sonstigen Garantien zur Erhaltung des Vereins durch den Staat oder kommerzielle Interessenten (z.B. Werbeträger). Das Zusammenspiel dieser Variablen charakterisiert den spezifischen Sportverein und seine individuelle Arbeits- und Funktionsweise (vgl. Heinemann & Horch, 1988).

Da Sportvereine keine Gewinnorientierung verfolgen und sich hauptsächlich durch eigene Mitgliedsbeiträge finanzieren, ist der Sportverein seiner Handlungslogik nach zwischen kommerziellen Dienstleistungsunternehmen (Markt) und staatlichen Einrichtungen (Staat) einzuordnen – auch wenn in den letzten

Jahrzehnten vermehrt Tendenzen in beide Richtungen zu beobachten sind (vgl. Nagel, 2006, S. 25). Gleichwohl ist der Sportverein seinem Idealtypus nach die *Freiwilligenvereinigung* schlechthin. Die Mitglieder bilden die grundlegende Ressource, mittels derer nach dem Prinzip der Selbstorganisation gemeinsame Entscheidungen über die Verwirklichung von Vereinszielen getroffen werden. Durch das freiwillige Engagement und die Beiträge der Mitglieder bleibt der Sportverein nicht nur unabhängig, sondern sichert zudem, dass die Interessen der Mitglieder mit den Vereinszielen im Einklang stehen.

Damit sind „Sportvereine innenorientierte sowie expressiv und konsumatorisch ausgerichtete freiwillige Vereinigungen" (Nagel, 2006, S. 25). Auf der einen Seite sind sie als freiwillige Vereinigungen juristisch und formal eindeutig definiert. Auf der anderen Seite bestehen in Sportvereinen kaum formalisierte Regeln und Hierarchien, womit vor allem *informelle und symbolische Strukturen* den Sportverein prägen: „Gemeinsame Zielvorstellungen und Wertorientierungen sowie bewährte Handlungsformen und Interaktionsmuster zur Steuerung und Kontrolle der sozialen Prozesse" bestimmen das Vereinsleben (Nagel, 2006, S. 25). Zudem unterliegen die zu vergebenen Ämter und Positionen einer sehr starken *Personalisierung*. Der Sportverein bildet somit in seiner Gesamtheit eine Schnittmenge aus der sozialen Gruppe seiner Mitglieder und den formalen Strukturen seiner Organisationsform. Diese strukturellen Rahmenbedingungen bilden die Voraussetzung dafür, dass die Mitglieder – insbesondere auch die jugendlichen Mitglieder – den Sportverein als sozialen Raum nutzen können.

2.2.2   Sportverein als sozialer Raum

Den Ausgangspunkt sozialräumlicher Ansätze im Jugendalter bildet die Annahme, dass sich Jugendliche unabhängig von Erwachsenen Räume erschließen, in denen sie sich entfalten können. Heranwachsende bewegen sich „in Räumen jenseits des direkten Zugriffs der älteren Generation und gestalten in Interaktion mit ihren Peers Sozialräume, deren primäres Ziel nicht der Vorbereitung auf den Erwachsenenstatus gilt" (Reinders & Wild, 2003, S. 26). Soziale Räume können dabei zunächst als Orte verstanden werden, an denen Personen sozial interagieren. Pädagogische Konzepte der Raumnutzung bzw. -erweiterung haben diese Idee mehrfach aufgegriffen, etwa im Modell des verinselten Lebensraums (Zeiher, 1983) oder im Zonenmodell von Baacke (1980). Sozialräumliche Konzepte lassen sich aus diesen sozialökologischen Theorien ableiten und beschreiben vor allem die Struktur der Lebensräume von Heranwachsenden und deren Veränderungen. In einem subjektorientierten Verständnis gehen Sozialräume jedoch über ein Aufgreifen vorhandener Umweltbedingungen hinaus und schließen die „Konstitutionsleistungen bzw. Handlungen" der Heranwachsenden mit ein (Reutlinger, 2006, S. 29). Dadurch wird vermehrt die Perspektive von Subjekten und damit „die Qualität von Räumen" in den Vordergrund gerückt, die „immer erst durch die in ihnen liegenden (neuen) Möglichkeiten zu sozialen Räumen" werden (Deinet, 2006, S. 48).

Unter Rückgriff auf die materialistische Aneignungstheorie (Leontjew, 1973) wird das Sich-Aneignen von sozialen Räumen als „tätige Auseinandersetzung des handelnden Subjektes mit der Umwelt" verstanden (Deinet, 2002, S. 34), die über die Selbstinszenierung im öffentlichen Raum letztlich auch zu einer aktiven *Gestaltung von Räumen* durch eigene Symbole führt (vgl. Deinet, 1993, S. 57-66). Mit der selbsttätigen Veränderung vorgegebener Situationen ist eine schrittweise Erweiterung des eigenen Handlungsspielraums und damit der eigenen *Handlungskompetenz* verbunden. *Raumaneignung* wird also als Prozess der selbstbestimmten Erschließung von Lebenswelten verstanden, „der auch für den Erwerb von Schlüsselqualifikationen oder die Entwicklung personaler Kompetenz sehr wichtig ist" (Deinet, 2002, S. 35). Vor dem Hintergrund gesellschaftlicher Umbrüche kommt dem Sozialraumkonzept damit eine zentrale Bedeutung für die *Identitätsentwicklung* Heranwachsender zu. Die Erfahrung von Identität ist „heute weniger institutionell erfahrbar (...), sondern verlangt Räume, in denen man sich selbst inszenieren" und ausdrücken kann (Böhnisch & Münchmeier, 1993, S. 16).

Zur Beschreibung von Sozialräumen werden verschiedene *Dimensionen sozialräumlicher Entfaltung* definiert. Dazu gehören die Besetzung von Räumen als ihre physische und soziale Inanspruchnahme, das Gleichaltrigen-Netzwerk als soziale Ressource zur Aneignung von Räumen, spezifische sozialräumliche Aktivitäten und Themen sowie die sozialräumlichen Ressourcen, die sich aus der Nutzung von Sozialräumen ergeben (Reinders, 2003, S. 122-124). Insbesondere der Gleichaltrigengruppe kommt als *sozialräumlicher Lernort* zentrale Bedeutung zu. Peers spielen für „Jugendliche heute eine herausragende Rolle in ihrem Leben" und stellen als Gruppe einen eigenen Sozialraum dar (BMBF, 2004, S. 317). Sozialräume dienen damit nicht nur der gegenwartsbezogenen Entfaltung von Jugendlichen, sondern bieten darüber hinaus Orientierungsmöglichkeiten jenseits formeller Bildungsangebote (vgl. Kap. 2.1). In diesem Sinne wird *sozialräumliches Lernen* als eine zeitgemäße Form pädagogischen Handelns verstanden, die zu einem informellen Kompetenzerwerb beitragen kann (vgl. Böhnisch & Münchmeier, 1993, S. 68-70).

Auch der Sportverein kann als ein solcher Sozialraum verstanden werden. Sportvereine sind *Erlebnis- und Erfahrungsräume*, in denen Jugendliche sich – mit oder ohne das Zutun von Erwachsenen – treffen und austauschen, erproben und entwickeln können (vgl. Neuber, 2003). Gerade im Verein kann nicht nur non-formal gelernt werden, sei es auf motorischer oder kognitiver Ebene, sondern die spezifischen Bedingungen, die vor allem auf der *Freiwilligkeit und Partizipation* von Jugendlichen beruhen, bieten Möglichkeiten, die Entwicklung Heranwachsender zu unterstützen. Die Möglichkeit zur Partizipation ist dabei ein wesentlicher Faktor, um die Entfaltung einer eigenen Persönlichkeit zu unterstützen. Gelingende Entwicklungsverläufe basieren in besonderem Maße auf der Mitsprache von Jugendlichen. In der Sozialisationsforschung wird davon ausgegangen, „dass der Einbezug von Kindern und Jugendlichen in Entscheidungsprozesse in allen Bereichen ihrer Lebenswelt für ihre Persönlichkeitsentwicklung – Stärkung von Kompetenzen, Verantwortungsgefühl und Identitätsbildung – förderlich ist" (Bertelsmann Stiftung, 2007, S. 35).

Eine besondere Bedeutung kommt dem Sportverein im Hinblick auf die Bildung von *Gleichaltrigengruppen* zu. Übungs- und Trainingsgruppen bestehen in der Regel aus Gleichaltrigen und zum Spielen und Sporttreiben außerhalb geregelter Übungsstunden trifft man sich ebenfalls mit Freunden. Jugendliche schaffen sich innerhalb des Sportvereins sozusagen eine eigene Welt, in der sie sich unabhängig von Erwachsenen erproben können. Diese Gruppen kennzeichnet auf der einen Seite eine Gleichheit der Mitglieder, die sich in vergleichbaren Lebenssituationen befinden und mit ähnlichen Problemen und Aufgaben konfrontiert werden. Im Rahmen der Peergroup „ist ein Austausch von Sichtweisen und Gefühlen unter Personen gleichen Rangs und mit vergleichbarem Erfahrungshorizont möglich, weil keine überlegene Person in kulturell festgelegtes Wissen und Können einführt" (Hurrelmann, 2002, S. 241).

Auf der anderen Seite bietet die Gleichaltrigengruppe die Chance, sich als eigenständige Persönlichkeit darzustellen. Trotz einer großen Ähnlichkeit der Lebenssituationen der Jugendlichen, grenzen sich die Mitglieder einer Peergroup voneinander ab und entwickeln eine eigene unverwechselbare Persönlichkeit. Durch ihre begrenzte Nonkonformität erlauben Gleichaltrigengruppen ihren Mitgliedern zunächst „ein spielerisches Abweichen von gesellschaftlichen Regeln, ein Experimentieren und Neudefinieren dieser Normen und eine selbst bestimmte Aneignung der Umwelt, die Voraussetzung für selbstständiges Rollenverhalten in komplexen Gesellschaften ist" (Hurrelmann, 2002, S. 240). Zugleich bieten sie einen Raum, in dem man sich als Person definieren kann: „Sich im Raum zu anderen in Beziehung setzen, ‚erkennbar' werden, sich ‚bemerkbar' machen, sein Leben ‚zeigen'" (Böhnisch & Münchmeier, 1993, S. 16).

Die Rahmenbedingungen zur Entstehung von Sozialräumen im Verein werden von Jugendlichen zumeist positiv bewertet, zumal Übungsleiterinnen und Übungsleiter weniger als erwachsene ‚Erzieher' wahrgenommen werden, sondern eher als ‚Fachleute für Sport' und damit als ‚Gleiche unter Gleichen' (vgl.

Becker, 2005). Das bedeutet, dass der Umgang von Jugendlichen und Gruppen-
leitern nicht explizit pädagogisch geprägt ist, „und die Glaubwürdigkeit des
Gruppenleiters scheint dort anzufangen, wo die des Lehrers in der Schule auf-
hört: In der persönlichen Vertrautheit zwischen Gruppenleiter und Heranwachsenden und über deren freundschaftlichen Umgang miteinander entsteht die von
den Jugendlichen akzeptierte ‚pädagogische Autorität'" (Baur & Braun, 2000, S.
382-383). Empirische Befunde zur *Beliebtheit von Übungsleiterinnen und
Übungsleitern* bei Heranwachsenden bestätigen diese Annahmen (Kurz, Sack &
Brinkhoff, 1996; Zinnecker et al., 2002).

2.2.3   Kompetenzerwerb im Sportverein

Studien zum informellen Kompetenzerwerb Heranwachsender im Sportverein
liegen bislang nur ansatzweise vor, was zum einen mit der Fixierung auf formelle Lernprozesse zusammenhängt, zum anderen aber auch mit einer starken Orientierung am sozialisationstheoretischen Paradigma und damit einhergehend der
Selbstkonzeptforschung (vgl. Neuber, 2004). Gleichwohl sind die Rahmenbedingungen des Vereinssports mit Jugendlichen vergleichsweise gut untersucht.
Zunächst sind hier die Bindungsraten des Vereinssports zu nennen: Je nach Zusammensetzung der Studie sind zwischen 40 und 60% der Jugendlichen Mitglied
in einem Sportverein. Rechnet man diejenigen Jugendlichen hinzu, die früher
Mitglied in einem Verein waren, „so kommt man zu dem Ergebnis, dass ungefähr 80% aller Heranwachsenden Erfahrungen in Sportvereinen gesammelt haben" (Gogoll, Kurz & Menze-Sonneck, 2003, S. 158). Führt man sich weiterhin
vor Augen, dass andere Anbieter im Jugendbereich kaum die 5%-Marke erreichen, kann der Sportverein im Hinblick auf seine Integrationskraft als die „unan-
gefochtene Nr. 1 der außerschulischen Jugendarbeit" bezeichnet werden
(Schmidt, Fischer & Süßenbach, 2003, S. 106).
    Diese erfreulichen Befunde relativieren sich allerdings im Detail. So werden
über die Jahre hinweg immer wieder hohe *Fluktuationsraten* berichtet; viele
Jugendliche üben im Verlauf ihrer Vereinskarriere eine ganze Reihe an Sportarten aus (Brettschneider & Kleine, 2002, S. 100-108). Zudem wird durchgängig
eine Abnahme des Organisationsgrades mit zunehmendem Alter belegt. So sinkt
etwa die Zahl der Vereinsmitglieder in einer Ländervergleichsstudie von Kurz
und Tietjens (2000, S. 403) zwischen dem siebten und 13. Schuljahr um bis zu
25%. Die Mitgliedschaft in einem Sportverein ist darüber hinaus in hohem Maße
vom *Geschlecht der Jugendlichen* abhängig. In Nordrhein-Westfalen sind beispielsweise 59,5% der Jungen, aber nur 45,0% der Mädchen im Verein aktiv
(Brettschneider & Kleine, 2002, S. 87).

Mädchen treffen ihre Entscheidung für oder gegen den Sportverein früher als Jungen. Außerdem engagieren sie sich sowohl in traditionell weiblich besetzten Sportarten, wie Reiten, Turnen oder Tanzen, als auch in ehemals männlich dominierten Feldern, wie Fußball oder Kampfsport. Jungen überschreiten stereotype Geschlechtergrenzen dagegen seltener, denn Mannschaftsspiele, vor allem Fußball, stehen bei ihnen nach wie vor an erster Stelle (Menze-Sonneck, 2002, S. 150). Schließlich spielen auch die *soziale Herkunft* und die *Bildungskarriere* eine wichtige Rolle im Hinblick auf die Sportvereinsmitgliedschaft. Die größte Wahrscheinlichkeit, sportlich aktiv zu sein, hat danach der männliche Gymnasiast aus der gehobenen Mittelschicht, der nicht in einem großstädtischen Ballungsraum lebt und deutsche Eltern hat (Kurz & Tietjens, 2000, S. 391).

Vor dem Hintergrund der *Pluralität juveniler Vereinsmitgliedschaft* wurde mehrfach versucht, vereinsaktive Mädchen und Jungen zu typisieren. So kommen Brettschneider und Kleine (2002, S. 344-249) zu fünf Sportvereinstypen: In der Gruppe der *Leistungsorientierten und Selbstbewussten* sind vor allem jüngere männliche Jugendliche, die leistungssportlich motiviert sind. In der Gruppe der *Sozialorientierten und Körperbewussten* befinden sich überwiegend Mädchen, die Wert auf das Sporttreiben in der Gemeinschaft legen. Die Gruppe der *Fitnessorientierten und Individualistischen* umfasst ältere Mädchen und Jungen, denen es weniger um die Gemeinschaft als vielmehr um körperliche Fitness im Verein geht. Die *Breitensportlich Orientierten und Selbstsicheren* verlassen den Sportverein, weil sie Zeit für anderes haben wollen. Und die *Sportautonomen und Stressanfälligen* sind mit den Leistungen des Vereins unzufrieden und verlassen ihn deshalb.

Qualitative Studien zum Vereinssport mit Jugendlichen sind bislang selten. Es liegen allerdings einige Arbeiten zum Feld des *Hochleistungssports* vor. So haben Richartz und Brettschneider (1996) die Doppelbelastung von Schule und Wettkampfsport bei rund 40 jugendlichen Leistungssportlerinnen und Leistungssportlern rekonstruiert. Auf der Grundlage unterschiedlicher Lebenswege bringt die leistungssportliche Karriere Heranwachsende danach „nicht selten in schwierige Situationen, sie verspricht andererseits Momente außergewöhnlichen Glücks" (Richartz & Brettschneider, 1996, S. 312). Auch die Studie von Frei, Lüsebrink, Rottländer und Thiele (2000) befasst sich mit der Belastungsbewältigung im Hochleistungssport, hier dem weiblichen Kunstturnen. Vor dem Hintergrund spezifischer Systemvoraussetzungen (*Code Sieg vs. Niederlage*) diskutieren die Verfasser u.a. Forderungen nach einer ausgewogenen Persönlichkeitsentwicklung der Athletinnen, insbesondere nach ihrer *Mündigkeit* für die Zeit nach dem Hochleistungssport. Allerdings belegt die Studie, dass die Belastungen individuell sehr unterschiedlich erlebt werden, sodass von pauschalen Urteilen Abstand genommen werden muss.

Gleichwohl scheinen die Voraussetzungen für den Kompetenzerwerb im Sportverein insgesamt günstig zu sein. Untersuchungen zum *Selbstkonzept* von jugendlichen Vereinsmitgliedern kommen denn auch zu positiven Befunden im Bereich des Selbstwertgefühls: „Sportlich aktive Jugendliche weisen – geschlechterunabhängig – ein positiveres Selbstwertgefühl als sportabstinente Heranwachsende auf" (Brettschneider, 2006, S. 231). Auch das Körperkonzept ist deutlich positiver ausgeprägt. Uneinheitlich sind dagegen die Ergebnisse zum sozialen Selbstkonzept: „Ein direkter Einfluss sportlicher Aktivität auf die Einschätzung der Beziehungen zum unmittelbaren sozialen Netzwerk ist nicht nachweisbar" (Brettschneider, 2006, S. 232). Günstige Entwicklungen können dagegen in Teilbereichen des Selbstkonzepts im Hochleistungssport belegt werden; so verfügen leistungssportlich aktive Mädchen im frühen und mittleren Jugendalter über ein höheres Selbstwertgefühl als nicht aktive Mädchen (vgl. Heim, 2002).

Insgesamt können diese Querschnittsbefunde jedoch keine Auskunft über Entwicklungszusammenhänge geben. Eine Ausnahme bildet die Längsschnittstudie von Brettschneider und Kleine (2002). Über einen Zeitraum von zwei Jahren wurden in einem aufwändigen Design Facetten der *motorischen Leistungsfähigkeit*, des *Selbstkonzepts*, *psychosomatischer Beschwerden* sowie *altersspezifischen Problemverhaltens* bei Jugendlichen erfasst. Mit Ausnahme eines leichten Effekts in Bezug auf das Selbstwertgefühl von männlichen Jugendlichen fielen die Ergebnisse jedoch ernüchternd aus; in keinem der anderen Untersuchungsbereiche unterschieden sich die Vereinsjugendlichen in der Entwicklungsperspektive von den Nicht-Vereinsmitgliedern. Zwar konnte belegt werden, dass es „den Sportvereinen in einmaliger Weise [gelingt], vor allem Heranwachsende gesellschaftlich zu integrieren" (Brettschneider & Kleine, 2002, S. 480), den erhofften Wirkungsnachweis im Hinblick auf die Persönlichkeitsentwicklung konnte die Studie jedoch nicht erbringen.

Allerdings deuten neuere Re-Analysen auf positive Zusammenhänge zwischen Sportengagement und Selbstwertgefühl in der Entwicklungsperspektive hin. Die Befunde aus einem Cross-Legged-Panel-Design lassen zumindest spezifische *Entwicklungseinflüsse des Sportvereins* (Sozialisationshypothese) plausibler erscheinen als eine besondere Sportlerpersönlichkeit (Selektionshypothese) (vgl. Brandl-Bredenbeck, 2010). Darüber hinaus kommt die Evaluation eines sportbezogenen Interventionsprogramms zur *Förderung psychosozialer Ressourcen* zu erfolgversprechenden Ergebnissen (vgl. Sygusch, 2007). Im Rahmen der ‚PRimus-Studie' wurden im Geräturnen und Handball jeweils siebenmonatige Interventionen und begleitende Evaluationen der Programmdurchführung und der Programmwirksamkeit durchgeführt. Insgesamt deuten die bislang vorliegenden Befunde darauf hin, „dass formelle Bildungsprozesse zur Entwicklung

‚nicht unmittelbar sportbezogener Kompetenzen' (hier: psychosoziale Ressourcen) im non-formalen Setting Sportverein realisiert werden können" (Sygusch & Herrmann, 2010, S. 264).

3 Fragestellung

In der gegenwärtigen Bildungsdebatte setzt sich zunehmend die Erkenntnis durch, dass das Lernen von Kindern und Jugendlichen nicht allein auf staatliche Institutionen, wie Kindertagesstätten und Schulen, begrenzt ist. Vielmehr rücken neben formalen und non-formalen Bildungsmodalitäten zunehmend informelle Lernprozesse in den Fokus. Nicht zuletzt das *Jugendalter* erscheint vor dem Hintergrund modernisierter Gesellschaften prädestiniert für einen *informellen Kompetenzerwerb* in der Gleichaltrigengruppe. Der Sportverein als ein soziales Setting mit besonderen Chancen für informelle Lernprozesse ist in dieser Hinsicht bislang kaum untersucht worden. Vor dem Hintergrund der hohen Bedeutsamkeit, die das Sporttreiben für viele Heranwachsende hat, stellt sich die Frage, inwiefern im *Sportverein* Bildungsprozesse im Sinne des informellen Lernens stattfinden. In Anlehnung an Untersuchungen zum freiwilligen Engagement im Jugendalter soll dabei zunächst die subjektive Perspektive der Jugendlichen im Vordergrund stehen. Die Grundfrage lässt sich entsprechend in zwei empirische Teilfragen untergliedern:

1. Welche Kompetenzen werden aus der Sicht von Jugendlichen im Sportverein erworben?
2. In welchen konkreten Handlungssituationen werden diese Kompetenzen aus der Sicht von Jugendlichen aktualisiert?

4 Methodik

4.1 Forschungsdesign

Zur Beantwortung der aufgezeigten Fragestellungen werden zwei empirische Teilstudien in zwei aufeinander aufbauenden Forschungsphasen durchgeführt. Dabei handelt es sich um die Teilstudie „Gruppendiskussion" in der ersten Forschungsphase sowie die Teilstudie „Problemzentrierte Interviews" in der zweiten Forschungsphase (vgl. Abb. 3). Die *Gruppendiskussion* dient primär der Ermittlung, *was* Jugendliche im Sportverein lernen, wobei explizit die Subjektperspektive der Befragten von Interesse ist (Fragestellung 1). Darüber hinaus wird in den Gruppendiskussionen thematisiert, wie die genannten Aspekte im Sportverein erworben werden. In der zweiten Forschungsphase wird in *problemzentrierten Interviews* aufbauend auf den Ergebnissen der Gruppendiskussionen vertiefend der Frage nachgegangen, *wie* und in *welchen Situationen* Jugendliche im Sportverein informell lernen (Fragestellung 2). Die Integration der Ergebnisse aus beiden Teilstudien soll auch Hinweise darauf geben, wie die Vereinspraxis gestaltet werden kann, um Lernprozesse im angesprochen Sinne zu ermöglichen.

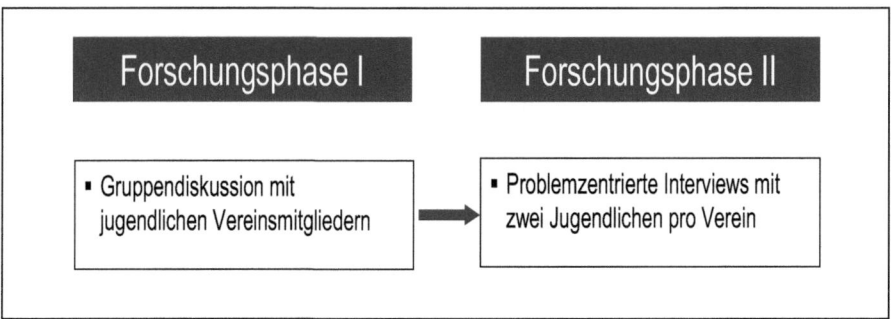

Abbildung 3:   Forschungsdesign.

4.2 Untersuchungsverfahren

In der ersten Teilstudie werden insgesamt zwölf *Gruppendiskussionen* mit jugendlichen Vereinsmitgliedern im Alter von 13 bis 19 Jahren durchgeführt. Basierend auf den Erfahrungen und Meinungen der Diskussionsteilnehmerinnen und -teilnehmer soll in einer größeren sozialen Einheit ermittelt werden, was Jugendliche im Sportverein lernen. Zur Verfolgung entsprechender Erkenntnisziele eigenen sich Gruppendiskussionen nach Lamnek (2005) in besonderer Weise. Die Wahl der Methode ist zudem darin begründet, dass sich in Gruppendiskussionen eher eine naturalistische Kommunikation entwickelt. Insofern sind bei dieser Methode im Vergleich zu Interviews realistischere und authentischere Äußerungen zu erwarten (vgl. Lamnek, 2005). Die Gruppendiskussionen werden mit einer Ausnahme in Gruppen mit jeweils sechs bis zwölf Jugendlichen durchgeführt (vgl. Tab. 2). Hierbei wird der Empfehlung Lamneks (2005, S. 435) gefolgt, der bei fünf bis zwölf Teilnehmern von einer „optimalen Gruppengröße" spricht. Bei größeren Gruppen drohen einerseits Auswertungsprobleme, andererseits können sich Teilnehmer als Schweiger in die „Anonymität flüchten" (Lamnek, 2005, S. 435). Kleinere Gruppen sind dagegen oft unergiebig, da unterschiedliche Auffassungen und Argumente unwahrscheinlicher sind. Nähere Informationen zum genauen Ablauf der Gruppendiskussion sind dem Kapitel 4.4.1 zu entnehmen.

Ausgehend von den Ergebnissen der Gruppendiskussionen dient die zweite Projektphase (Teilstudie „Problemzentrierte Interviews") der Erforschung von Lernsituationen im Sportverein bzw. der Beantwortung der Frage nach dem „Wie" des Lernens. Da die mündliche Befragung ein methodischer Grundzugang zur Erfassung der Subjektperspektive ist (vgl. Mayring, 2003), werden mit zwanzig ausgewählten Jugendlichen, die bereits an den Gruppendiskussionen teilgenommen haben, vertiefende *problemzentrierte Interviews* geführt. Die Wahl fällt auf diese Interviewvariante, weil beim problemzentrierten Interview

- der Gesprächsverlauf an einem strukturierten Fragenkatalog (Leitfaden) ausgerichtet wird, was für eine gewisse Standardisierung der Interviews sorgt und einen späteren Vergleich der Antworten ermöglicht,
- der Interviewer flexibel auf die Gesprächspartner eingehen sowie Rückfragen oder ergänzende Zusatzfragen stellen kann,
- die Befragten weitgehende Artikulationschancen haben und frei erzählen können. (vgl. Flick, Kardorff, Keupp, & Rosenstiel, 1995; Witzel, 1982; 2000).

4.3 Untersuchungsgruppe

In qualitativen Studien beeinflusst die Auswahl der Untersuchungsgruppe die Gültigkeit, Aussagekraft und Reichweite der Forschungsergebnisse in besonderem Maße. Aus diesem Grund wird bei der Akquise der Sportvereine, die an der Untersuchung teilnehmen, systematisch vorgegangen (vgl. Lamnek, 2005). Ausgewählt werden Sportvereine in Nordrhein-Westfalen, die hinsichtlich der geleisteten Jugendarbeit als „Good Practice"-Vereine zu bezeichnen sind. Als Ausschlusskriterium wird die Existenz eines Jugendvorstandes vorausgesetzt. Die Wahl der insgesamt *zwölf Vereine* erfolgt darüber hinaus anhand eines Stichprobenplans mit inhaltlich-methodischen sowie strukturellen Auswahlkriterien (vgl. Kelle & Kluge, 1999). Auf diese Weise kann gewährleistet werden, dass die zwölf Vereine räumlich über das gesamte Bundesland verteilt sind,

- sowohl in städtischen Ballungsgebieten und Ballungsrandgebieten als auch ländlichen Gebieten angesiedelt sind,
- hinsichtlich der Größe variieren, d.h. vertreten sind Klein-, Mittel- und Großvereine und
- eine breite Palette verschiedener Sportarten anbieten.

Die zwölf Vereine werden im Folgenden kurz charakterisiert:

Der *TV Lössel 1896 e.V.* aus dem Märkischen Kreis möchte Kinder und Jugendliche an den Turn- und Handballsport heranführen. Neben Wettkampfgruppen gibt es insbesondere Breitensportgruppen und Gruppen für außersportliche Aktivitäten. Insgesamt sind 1034 Mitglied im Verein angemeldet, darunter 47 Kinder bis 14 Jahre und 329 Jugendliche ab 14 Jahren.

Der *TV Lengerich 1879 e.V.* aus dem Kreis Steinfurt bietet in 14 Abteilungen Sportarten wie Handball, Turnen, Leichtathletik, aber auch Trampolin, Gesundheitssport und Shaolin an. Die besonderen außersportlichen Aktionen, organisiert und durchgeführt von der eigenen Vereinsjugend, sind ein Markenzeichen des Vereins. Neben Leistungs- und Gesundheitssport soll innerhalb des Programms besonders der Breitensport gefördert werden. Im Verein sind über 2100 Mitglieder angemeldet.

Der *Reit- und Voltigierverein Vilsendorf e.V.* im Ortteil Bielefeld-Jöllenbeck bietet innerhalb von Schul- und Kursangeboten Dressur- und Springreiten sowie Voltigieren an. Das vorrangige Ziel ist die Heranführung von Kindern und Jugendlichen an den Reitsport. Ein Kennzeichen des Vereins ist die enge Zusammenarbeit zwischen der Jugendwartin und den Kindern und Jugendlichen des Vereins. Insgesamt sind 250 Mitglieder angemeldet, darunter 80 Jugendliche zwischen 14 und18 Jahren und 100 Kinder bis 14 Jahren. Den 240 weiblichen Mitgliedern stehen 10 männliche Mitglieder gegenüber.

Die Ortgruppe *Deutschen Lebens-Rettungs-Gesellschaft Gütersloh e.V.* möchte möglichst vielen Kindern und Jugendlichen das Schwimmen beibringen. Darüber hinaus stehen den Mitgliedern weitere Angebote in den Bereichen Rettungsschwimmen, Tauchen und Leistungsschwimmen zur Verfügung. Neben sportlichen Angeboten sind die außersportlichen Aktionen – organisiert und durchgeführt durch die eigene Vereinsjugend – ein Markenzeichen der Ortgruppe. Darüber hinaus wird jedes aktive Mitglied durch Aus- und Fortbildungen bestmöglich gefördert und an den Verein gebunden. Insgesamt sind 770 Mitglieder angemeldet, darunter 124 Jugendliche zwischen 14 und 18 Jahren und 329 Kinder bis 14 Jahren.

Der *Schwimmverein Langendreer 04 e.V.* im Ortsteil Bochum-Langendreer möchte Kinder und Jugendliche hauptsächlich an den Schwimmsport heranführen. Neben Anfängergruppen, wird dieses Ziel in Breiten- und Leistungssportgruppen verfolgt. Besondere Schwerpunkte des Vereins sind die außersportlichen Aktionen und Veranstaltungen sowie die Qualifizierung von Vereinsjugendlichen zu Gruppenhelfern und Übungsleitern. Ingesamt sind im Verein 440 Mitglieder angemeldet.

Der Großverein *MTG Horst 1881 e.V.* aus Essen-Horst bietet in 14 Abteilungen Badminton, Basketball und Handball, aber auch Herzsport, Kanusport und Skisport an. Neben dem Leistungssport soll dabei besonders der Breitensport gefördert werden. Ein Schwerpunkt liegt auf gesundheitorientierten Angeboten sowie Angeboten für Behinderte. Darüber hinaus wird insbesondere der Jugendvereinssport durch die Aus- und Fortbildung von Gruppenhelfern und Übungsleitern gefördert. Diese werden nicht nur für die wöchentlichen Sportangebote, sondern auch zur Mitarbeit im Jugendvorstand und zur Organisation von außersportlichen Angeboten ausgebildet. Im Verein sind insgesamt 3400 Mitglieder angemeldet.

Der Großverein *SV BW Aasee e.V.* aus Münster ist ein Stadtteilverein, der in 15 Abteilungen Volleyball, Fußball und Handball, aber auch Gesundheitssport jeglicher Art sowie Kindertheater anbietet. Der Verein versteht sich als Plattform für Ideen, insbesondere der Bewohner des umliegenden Viertels. Dabei soll neben dem Breitensport insbesondere der Leistungssport gefördert werden (Fußball- und Volleyballabteilung). Neben der Qualifizierung der eigenen Mitglieder zu Gruppenhelfern und Übungsleitern stehen außersportliche Angebote im Mittelpunkt des Vereinslebens. Diese Angebote laufen unter dem Motto: „Offen für alles, offen für jeden, offen nach Innen und Außen". Insgesamt sind 1675 Mitglieder im Verein angemeldet. Darunter 771 Kinder und Jugendliche bis 18 Jahre.

Der *TSV Hochdahl 64. e.V.* aus dem Kreis Mettmann bietet in 20 Abteilungen Badminton, Baseball, Basketball, aber auch Billard, Judo und Tanzsport an. Das vorrangige Ziel ist die Förderung des Breitensports sowie die Integration von Mitgliedern mit Migrationshintergrund. Dazu bietet der Verein insbesondere Gruppen für Freizeit- und Gesundheitssport an. Darüber hinaus steht ein eigenes Jugendzentrum zur Verfügung, in dem zum Beispiel Hausaufgabenhilfe und weitere außersportliche Angebote durchgeführt werden. Insgesamt sind 3128 Mitglieder im Verein angemeldet. Darunter 1465 Kinder und Jugendliche bis 18 Jahre.

Der Kleinverein *SCB Neandertal 1931 e.V.* aus dem Kreis Mettmann will Kinder und Jugendliche an den Fußballsport heranführen. Dies wird insbesondere in Breitensportangeboten umgesetzt, in denen ein interkulturelles Zusammenleben über den Fußballsport erfolgen soll. Im Verein sind über 250 Mitglieder angemeldet, darunter 124 Jugendliche zwischen 14 und 18 Jahren und 50 Kinder bis 14 Jahre. Die Mitglieder kommen zumeist aus der Unter- und Mittelschicht. Darüber hinaus haben 85% der 14- bis 18-Jährigen einen Migrationshintergrund.

Der *TC Menden e.V.* aus dem märkischen Kreis hat vorrangig zum Ziel, seinen Mitgliedern eine Einführung in den Tennissport zu ermöglichen. Dabei ist der Verein breiten- wie leistungssportlich orientiert. Neben Anfänger- und Fortgeschrittenengruppen sollen in speziellen Talentfördergruppen gezielt Kinder und Jugendliche auf den späteren Seniorensport vorbereitet werden. Im Vorgrund des Vereinslebens steht das harmonische Miteinander zwischen Erwachsenen, Kindern und Jugendlichen. Darüber hinaus werden Jugendliche zu Gruppenhelfern und Übungsleitern ausgebildet. Insgesamt sind im Verein 401 Mitglieder gemeldet, darunter 128 Jugendliche zwischen 14 und 18 Jahren.

Der *DJK SF Rheydt e.V.* aus Mönchengladbach möchte Kinder und Jugendliche an den Tischtennissport heranführen. Dazu werden Leistungs- sowie Breitensportgruppen angeboten. Insbesondere im Jugendbereich ist der Verein breitensportlich ausgerichtet und will möglichst junge Nachwuchsspieler entdecken und fördern. Neben der Nachwuchsförderung ist die Qualifizierung von engagierten Jugendlichen zu Gruppenhelfern und Übungsleitern ein Kennzeichen des Vereins. Insgesamt sind 190 Mitglieder angemeldet, darunter 15 Jugendliche zwischen 14 und 18 Jahren und 50 Kinder bis 14 Jahren. Die meisten Mitglieder kommen aus der Unter- und Mittelschicht und haben einen Migrationshintergrund.

Der Verein *TuS Birgden 1924 e.V.* aus dem Landkreis Heinsberg bietet in vier Abteilungen unterschiedliche Übungsangebote im Schwimmen, Turnen, Volleyball und Gymnastik an. Dabei wird besonders der Breitensport gefördert. Leistungssport ist in Kooperation mit einem weiteren Volleyballverein möglich. Das vorrangige Ziel ist es, fair miteinander umzugehen und ein Angebot für

Jedermann zu schaffen (Erwachsene und Jugendliche). Hauptsächlich jugendliche Vereinsmitglieder werden durch Qualifizierung zu Gruppenhelfern und Übungsleitern an den Verein gebunden. Darüber hinaus arbeitet der Gesamtvorstand in sehr enger Kooperation mit dem Jugendvorstand. Insgesamt sind 400 Mitglieder angemeldet, darunter über 100 Jugendliche zwischen 14 und18 Jahren und 150 Mitglieder bis 14 Jahre.

In der *ersten Forschungsphase* wird in allen zwölf Vereinen jeweils eine *Gruppendiskussion* mit jugendlichen Vereinsmitgliedern im Alter von 13 bis 19 Jahren durchgeführt. Die Jugendlichen, die an den Gruppendiskussionen teilnehmen, sind von Vereinsmitarbeitern vor Ort ausgewählt und angesprochen worden. Die Gruppen sollen sich ungefähr zu gleichen Teilen aus aktiven jugendlichen Vereinsmitgliedern und aktiven jugendlichen Vereinsmitgliedern, die eine Funktion im Verein übernommen haben bzw. ein Amt innehaben, zusammensetzen. Eine differenzierte Stichprobenbeschreibung der Untersuchungsgruppe ist Tabelle 3 zu entnehmen.

In der zweiten Forschungsphase werden vertiefende problemzentrierte Interviews mit insgesamt 20 Jugendlichen aus zehn Vereinen durchgeführt. Alle Interviewpartner haben auch an der Gruppendiskussion teilgenommen. Die Auswahl der Gesprächspartner erfolgt einerseits aufgrund von inhaltlichen Überlegungen. Ausgewählt werden jene Jugendlichen, die in den Gruppendiskussionen Kompetenzen benennen und in die Diskussion einbringen, denen von den Jugendlichen besondere Bedeutung zugesprochen wird (häufige Nennung). Andererseits spielen pragmatische Aspekte eine Rolle. Es sollen jene Jugendliche für ein Einzelinterview gewonnen werden, die bezüglich ihres Reflexions- und Kommunikationsvermögens positiv auffallen. Informationen zu den Gesprächsteilnehmerinnen und Gesprächsteilnehmern finden sich in Tabelle 4.

4.4 Untersuchungsdurchführung

Die Gruppendiskussionen finden im Frühjahr 2007 statt, die Interviews werden im Frühjahr und Sommer 2008 durchgeführt. Sowohl die Gruppendiskussionen als auch die problemzentrierten Interviews erfolgen vor Ort, in von den Sportvereinen zur Verfügung gestellten Räumlichkeiten. Alle Diskussionen und Interviews werden komplett aufgezeichnet. Bei den Gruppendiskussionen wird mit Blick auf die Transkription der Wortbeiträge von unterschiedlichen Personen hierzu eine Digitalkamera verwendet. Die Interviews werden mit einem digitalen Diktiergerät aufgenommen.

4.4.1 Ablauf der Gruppendiskussionen

Die Gruppendiskussionen werden mit einem provokanten Grundreiz eröffnet, der einen Gesprächsanlass liefern und die Diskussion in Gang bringen soll. Bei dem ausgewählten Grundreiz handelt es sich um eine pointierte Darstellung ausgewählter Ergebnisse der Studie „Jugendarbeit im Sportverein" von Brettschneider und Kleine (2002), nach denen sich Sportvereinsjugendliche in der Entwicklungsperspektive nicht von anderen Heranwachsenden unterscheiden. Erwartungsgemäß führt dieser Impuls zu Widerständen bei den Jugendlichen, und sie bekommen kurz die Gelegenheit, zu den Ergebnissen Stellung zu nehmen. Daran anschließend sollen die Jugendlichen zunächst einzeln reflektieren (Reflexionsphase), was sie persönlich im Sportverein lernen und hierzu Stichworte auf Karteikarten notieren.

Die Ergebnisse stellen die Teilnehmerinnen und Teilnehmer in der Runde vor und diskutieren sie gemeinsam. Die Karteikarten werden hierbei offen in die Mitte des Tisches gelegt, sodass sie für alle Teilnehmer gut sichtbar sind. In einer abschließenden Gesprächsrunde sollen die Jugendlichen überlegen, wie die genannten Kompetenzen gelernt werden, wobei die Jugendlichen aufgefordert werden, konkrete Beispiele aus ihrem Alltag im Sportverein (Lernsituationen) zu schildern. Das Vorgehen entspricht den Empfehlungen von Flick et al. (1995) sowie Lamnek (2005), die betonen, dass nach der Benennung des Diskussionsschwerpunktes zunächst individuelle Standpunkte ausgetauscht werden sollen, bevor zur Diskussionsphase übergegangen wird. Abbildung 4 zeigt den Ablauf der Gruppendiskussion im Überblick und führt die gestellten Fragen auf.

Die Diskussionsleiter übernehmen im Verlauf der Gruppendiskussion eine moderierende Funktion. Ihre Aufgabe besteht darin, die Jugendlichen anzuregen, möglichst viele Kompetenzen zu benennen, Lernsituationen genau zu beschreiben und bei Unklarheiten um weitere Erläuterungen zu bitten. Schließlich werden Ergebnisse strukturiert rückgespiegelt, um den Jugendlichen die Möglichkeit zu Ergänzungen bzw. Klarstellungen zu geben.

Tabelle 2: Stichprobenbeschreibung Gruppendiskussion.

Verein	N	Alter	Geschlecht		Sport-art(en)
			w	m	
TV Lössel	6	13-18	4	2	Handball
TV Lenge-rich	6	14-18	6	-	Handball, Turnen
RV Vilsendorf	7	13-17	7	-	Reiten, Voltigieren
DLRG Gütersloh	7	14-18	6	1	Rettungs-schwimmen
SV Langendree	7	13-19	6	1	Schwim-men
MTG Horst	8	14-17	3	5	Turnen, Handball,
BW Aasee	6	16-19	6		Volleyball (A-Jugend)
TSV Hochdahl	11	13-17	2	9	Billard, Badminton,
SCB Nean-dertal	8	15-17	-	8	Fußball (A-Jugend)
TC Menden	8	13-19	4	4	Tennis
DJK Rheydt	6	14-17	3	3	Tischtennis
TuS Birgden	15	14-19	6	9	Turnen
Gesamt	*95*	*13-19*	*53*	*42*	*14*

Tabelle 3: Stichprobenbeschreibung Problemzentrierte Interviews.

Verein	Person	Alter	Geschlecht	Sportart
TV Lengerich	Corinna	18	weiblich	Handball
	Julia	17	weiblich	Handball
RV Vilsendorf	Kim	15	weiblich	Reiten
	Lea	13	weiblich	Reiten
DLRG Gütersloh	Frederic	17	männlich	Rettungs-schwimmen
	Laura	16	weiblich	Rettungs-schwimmen
SV Lagendreer	Daniela	15	weiblich	Schwimmen
	Svenja	19	weiblich	Schwimmen
MTG Horst	Julia	15	weiblich	Tanzen/Turnen
	Lars	16	männlich	Handball
BW Aasee	Deborah	18	weiblich	Volleyball
	Sarah	17	weiblich	Volleyball
TSV Hochdahl	Jonas	18	männlich	Badminton
	Tobias	15	männlich	Billard
SCB Neandertal	Elvedin	16	männlich	Fußball
	Imad	17	männlich	Fußball
DJK Rheydt	Christiane	18	weiblich	Tischtennis
	Zadu	15	männlich	Tischtennis
TuS Birgden	Isa	20	weiblich	Volleyball
	Steffi	17	weiblich	Volleyball

- *Grundreiz:* Vorstellen zentraler Ergebnisse aus der Studie „Jugendarbeit im Sportverein" von Brettschneider und Kleine (2002).
- *Stellungnahme:* Was sagt ihr zu diesen Ergebnissen?
- *Reflexionsphase:* Bitte überlegt mal, was ihr im Sportverein lernt bzw. gelernt habt.
- *Diskussionsphase 1:* Gegenseitiges Vorstellen und Diskutieren der Ergebnisse des Brainstormings.
- *Diskussionsphase 2:* Wie lernt ihr diese Dinge? Bitte beschreibt Situationen im Sportverein, in denen ihr das lernt.

Abbildung 4:   Ablauf der Gruppendiskussion.

4.4.2   Ablauf der Interviews

Mit den Interviews wird das Ziel verfolgt, den Erwerb der Kompetenzen im Sportverein vertiefend zu erforschen. Aus diesem Grund werden die ausgewählten Interviewpartner im Vorfeld des Interviews telefonisch kontaktiert und gebeten, sich auf das Gespräch vorzubreiten. Sie sollen überlegen, in welchen Situationen bzw. bei welchen Gelegenheiten sie eine bestimmte Kompetenz, die sie im Rahmen der Gruppendiskussion eingebracht haben, im Sportverein lernen bzw. gelernt haben. Auf diese Weise soll sichergestellt werden, dass sich die Gesprächspartner noch einmal mit der Thematik der zurückliegenden Gruppendiskussion auseinander setzen.

Der Intervieweinstieg erfolgt über allgemeine Fragen zur Motivation zum Sporttreiben, zur Mitgliedschaft im Sportverein sowie und zu den Besonderheiten des eigenen Sportvereins. Hierdurch sollen Hintergrundinformationen zu den Personen gesammelt und eine angenehme Arbeitsatmosphäre hergestellt werden. Im Anschluss daran werden die Jugendlichen gebeten, die von ihnen in der Gruppendiskussion eingebrachte Kompetenz zu definieren. Auf diese Weise wird das individuelle (Begriffs-)Verständnis der Jugendlichen erfasst. Danach sollen die Jugendlichen Situationen beschreiben, in denen sie die jeweilige Kompetenz im Sportverein erwerben. Durch gezieltes Nachfragen (Verständnisfragen) und unter Verwendung der Technik des Spiegelns versuchten die Interviewer, möglichst genaue Situationsbeschreibungen zu erhalten. Abschließend wird in allen Gesprächen zwei Aspekten besonderes Augenmerk geschenkt. Hierbei handelt es sich einerseits um die Rolle des Trainers beim Erwerb der thematisierten Kompetenz und andererseits um hilfreiche bzw. hemmende Bedingungen des Kompetenzerwerbes. Abbildung 5 zeigt den Ablauf der Interviews im Überblick und führt die Fragestellungen auf.

- *Telefonischer Reflexionsauftrag im Vorfeld:* „In welchen Situationen / bei welchen Gelegenheiten kannst du / hast du Kompetenz X im Sportverein lernen / gelernt?"
- *Gesprächseinstieg:* „Warum bist du im Sportverein? Was macht diesen Verein für dich besonders?"
- *Beschreibung von Lernsituationen:* „Kannst du mal eine Situation beschreiben, in denen du die Kompetenz X im Sportverein lernst / gelernt hast?"
- *Fokussierung auf die Rolle des Trainers:* „Welche Bedeutung hat/hatte dein Trainer beim Erwerb von Kompetenz X?"
- *Fokussierung von hilfreichen bzw. hemmenden Bedingungen:* „Gibt/gab es etwas, was das Lernen von Kompetenz X unterstützt bzw. gehemmt hat?"

Abbildung 5:   Ablauf der problemzentrierten Interviews.

4.5 Untersuchungsauswertung

Um die aufgezeichneten Gruppendiskussionen und Interviews einer Auswertung zugänglich zu machen, wird das gesamte Material transkribiert. Hierbei werden die Diskussionen und Gespräche wörtlich wiedergegeben, an vielen Stellen jedoch ins Schriftdeutsche übertragen. Die Analyse des verschrifteten Materials erfolgte in beiden Teilstudien in mehreren Schritten und orientierte sich vornehmlich am Prozessmodell induktiver Kategorienbildung nach Mayring (1995; 2003). Verwendet wird hierzu das Programm ATLAS.ti. Die Wahl der *Qualitativen Inhaltsanalyse* als Auswertungsverfahren ist darin begründet, dass sie auf der Grundlage von „fixierter Kommunikation" (Mayring, 2003, S. 13) sowohl für die Exploration von informell erworbenen Kompetenzen, als auch von Situationen des Kompetenzerwerbs im Sportverein aus der Perspektive von Jugendlichen besonders geeignet ist. Mit Blick auf das Gütekriterium der Nachvollziehbarkeit sichert das Verfahren zudem ein systematisches, regelgeleitetes Vorgehen und ermöglicht eine gegenstandsnahe Abbildung des Materials (vgl. Mayring, 1995; 2003).

4.5.1   Auswertung der Gruppendiskussionen

Die Auswertung der Gruppendiskussionen konzentriert sich auf die Beantwortung der Frage, was Jugendliche im Sportverein lernen. Hierzu sind in einem ersten Materialdurchgang alle von den Jugendlichen genannten Kompetenzen induktiv gesammelt worden. Zugunsten einer hohen Gegenstandsnähe werden die von den Jugendlichen verwendeten Begrifflichkeiten aufgenommen, auch wenn dies zu einer Fülle an Begriffen führt, die oft nicht trennscharf voneinander abzugrenzen sind. In einem zweiten Materialdurchgang werden alle Umschreibungen von erworbenen Kompetenzen gesammelt und mit geeigneten „Labels" kodiert. Erst danach werden die gesammelten Kompetenzen im Sinne eines verschränkt induktiv-deduktiven Vorgehens klassifiziert. In Anlehnung an die von Düx (2006) sowie Düx et al. (2008) vorgeschlagenen Kompetenzdimensionen werden die im Sportverein erworbenen Kompetenzen in ein Ordnungsschema gebracht (vgl. Kap. 5).

4.5.2   Auswertung der Interviews

Der Fokus der Auswertung der problemzentrierten Interviews liegt auf der Analyse des Kompetenzerwerbs im Sportverein. Das heißt, es soll ermittelt werden, wie bzw. in welchen Situationen[1] Jugendliche im Sportverein lernen. Insofern dient ein erster Auswertungsschritt dazu, für jedes Interview gesondert (interviewimmanent), die von einem Gesprächspartner geschilderten Situationsbeschreibungen, die den Erwerb einer bestimmten Kompetenz nachzeichnen, zu analysieren. Schwerpunktmäßig gilt es, auf der Grundlage der Schilderungen induktiv herauszuarbeiten, welche Aufgaben sich den Jugendlichen in konkreten Situationen stellen und welche Bedeutung spezifischen Rahmenbedingungen zugesprochen wird. Das interviewimmanente Vorgehen wird gewählt, da zunächst davon ausgegangen wurde, dass bestimmte Kompetenzen in ganz bestimmten Situationen gelernt werden. Im Zuge der Auswertung wird jedoch deutlich, dass die Gesprächspartner – unabhängig von der im Interview thematisierten Kompetenz – ähnliche Situationsbeschreibungen des Kompetenzerwerbs liefern.

---

[1] Der Analyse von Situationsbeschreibungen liegt ein handlungstheoretisches Situationsverständnis zugrunde. Eine Situation bzw. Handlungssituation ist nach Nitsch (2000) immer eine Konstellation von Person-, Umwelt- und Aufgabenfaktoren. Das bedeutet für die Analyse des Handelns in einer Situation, dass neben personalen und ökologischen Faktoren auch „die Art und Weise der Orientierung an und der Umgang mit subjektiv zu erfüllenden Aufgaben" (Nitsch, 2000, S. 94) zu berücksichtigen ist.

Aus diesem Grund wird in einem zweiten Auswertungsschritt auf der Grundlage der Situationsbeschreibungen eine interviewübergreifende Kategorisierung von Lernsituationen vorgenommen. Die induktiv angelegte, fallübergreifende Analyse verweist im Ergebnis auf typische Aufgabenkonstellationen im Sportvereinsalltag, die sich als „potenzielle Lernsituationen" begreifen lassen (vgl. Kap. 6).

5 Ergebnisse der Gruppendiskussionen

Die Frage, was sie im Sportverein lernen, beantworten die Heranwachsenden in den Gruppendiskussionen ausführlich. Insgesamt wird ein beeindruckend breites Spektrum von Kompetenzen genannt. Dabei fällt auf, dass neben sport-, bewegungs- und körperbezogenen Kompetenzen eine Vielzahl weiterer, übergreifender Kompetenzen thematisiert wird. Mit Blick auf eine Klassifizierung der von den Jugendlichen angesprochenen Kompetenzen wird die Grundstruktur der Kompetenztabelle von Düx (2006) weitgehend übernommen (vgl. Kap. 2).

5.1 Personbezogene Kompetenzen

Im Rahmen der Auswertung wird deutlich, dass es sich bei dem größten Teil der von den Jugendlichen genannten Kompetenzen um *personbezogene Kompetenzen* handelt (vgl. Tab. 5). Die gesammelten Aspekte sind den Bereichen *Personale Kompetenz* und *Soziale Kompetenz* zuzuordnen. Im Folgenden werden die Befunde zu diesen beiden Bereichen wiedergegeben.

5.1.1 Personale Kompetenz

Eine Vielzahl der von den Jugendlichen thematisierten Aspekte, lässt sich unter der Überschrift *Personale Kompetenz* subsumieren (vgl. Tab. 4). Die Selbstaussagen der Heranwachsenden beziehen sich insbesondere auf folgende Bereiche:

1. Jugendliche können im Sportverein ein positives Bild der eigenen Persönlichkeit und Individualität aufbauen (Selbstbewusstsein, Selbstwertgefühl) und zu der Überzeugung gelangen, sich auf eigene Fähigkeiten verlassen zu können und Anforderungen gewachsen zu sein (Selbstvertrauen).

2. Jugendliche bilden im Sportverein Fähigkeiten und Grundhaltungen aus, die für das Handeln in Leistungssituationen zentral sind. Die thematisierten Fähigkeiten sind das Setzen und Verfolgen von Zielen, das gezielte Einsetzen eigener Fähigkeiten, das Erkennen eigener Grenzen,

der Umgang mit Erfolgs- wie Misserfolgserlebnissen und der Umgang mit Druck. Bei den genannten Grundhaltungen handelt es sich um Ehrgeiz, Kampfgeist und Siegeswillen.

3. Jugendliche lernen im Sportverein, ihren Körper zu beherrschen (Körperbeherrschung) und sich selbst willentlich zu kontrollieren (Selbstbeherrschung).

4. Jugendliche erlangen durch ihr Engagement im Sportverein eine gewisse Unabhängigkeit von Erwachsenen (Selbstständigkeit) und sind in der Lage, in der Gleichaltrigengruppe Leitungs- bzw. Führungsaufgaben zu übernehmen. Darüber hinaus sind sie ausdrücklich bereit, eine Vorbildfunktion in der Gesellschaft einzunehmen.

5. Jugendliche bauen im Sportverein eine gewisse psycho-physische Stabilität auf (Ausgeglichenheit, Belastbarkeit), steigern ihre Konzentrationsfähigkeit und gewinnen an Kreativität.

Diese Befunde legen nahe, dass der Sportverein in der Wahrnehmung von Jugendlichen ein wichtiges Setting für die Ausbildung der eigenen Persönlichkeit ist.

„Und man lernt eben auch selbstkritisch zu werden. Also man lernt halt selber beim Training, was man eben kann und was nicht. Also man lernt halt sich selbst einzugestehen: Aha, da muss ich letztendlich noch besser werden und dadurch denk ich lernt man sich auch ein bisschen besser kennen, sich viel besser einzuschätzen, also man weiß, wie weit man gehen kann und wie weit nicht" (Elke, Volleyball).

Zudem deuten die Äußerungen der Jugendlichen auf die Überzeugung hin, im Sportverein zentrale Fähigkeiten und Einstellungen zu erwerben, die zum selbstverantwortlichen Handeln befähigen.

5.1.2 Soziale Kompetenz

Zahlreiche der von den Jugendlichen in den Gruppendiskussionen thematisierten Kompetenzen (vgl. Tab. 4) sind für das soziale Zusammenleben von zentraler Bedeutung. Daher lassen sich die Aspekte mit dem Begriff *Soziale Kompetenz* überschreiben. Bei genauer Betrachtung wird deutlich, dass sich die einzelnen Kompetenzen inhaltlich vier sozialen *Kompetenzdimensionen* zuordnen lassen.

Tabelle 4: Kompetenzmatrix der im Sportverein zu erwerbenden
personbezogenen Kompetenzen (in alphabetischer Reihenfolge).

Personbezogene Kompetenzen			
Personale Kompetenz		*Soziale Kompetenz*	
Ausgeglichenheit	Leitungs- / Füh-rungskompetenz	Akzeptanz	Offenheit
Belastbarkeit	Selbstbeherrschung	Disziplin	Problemlösung
Ehrgeiz	Selbstbewusstsein	Durchhaltevermö-gen	Respekt
Einnehmen einer Vorbildfunktion	Selbstvertrauen	Durchsetzungs-vermögen	Rücksichtnahme
Erkennen eigener Grenzen	Selbstständigkeit	Einhaltung von Regeln	Teamfähigkeit
Gezieltes Einsetzen von Fähigkeiten	Selbstwertgefühl	Einordnung in Hierarchien	Toleranz
Kampfgeist	Setzen und Verfol-gen von Zielen	Empathie	Übernahme von Verantwortung
Konzentration	Siegeswille	Fair play	Umgang mit Mit-menschen
Körperbeherr-schung	Umgang mit (Miss-)Erfolg	Hilfsbereitschaft	Unterstützung
Kreativität	Umgang mit Druck	Kommunikations-fähigkeit	Vertrauen
		Kompromissbe-reitschaft	Zusammenhalt
		Kooperation	Zuverlässigkeit

5.1.2.1 Interaktionsfähigkeit und -bereitschaft

Die Jugendlichen betonen zum einen, dass sie im Sportverein Wissen über und
Erfahrung im Umgang mit Mitmenschen sammeln. Zum anderen wird explizit
hervorgehoben, dass sie ihre Kommunikationsfähigkeit ausbilden bzw. erwei-
tern. Die folgenden Zitate verdeutlichen dies eindrücklich:

„Zum Beispiel kann ich Einzelgespräche haben. Ich kann Gespräche vor der Gruppe haben. Ich kann mit einem erwachsenen Menschen, mit einer Mutter reden. Ich rede da jetzt gerade aus der Position des Trainers, also des Übungsleiters. Ich kann zum Beispiel mit einer Mutter reden. Ich kann mit einem pubertierenden Jungen reden. Ich kann aber auch mit einem ganz kleinen Kind reden. Oder ich red mit einem Freund. Das heißt, diese ganzen Möglichkeiten hab ich jetzt bei mir im Sportverein. (...) So, in jeder, bei jedem, bei jeder einzelnen Ebene muss ich anders kommunizieren, muss ich gucken, dass ich andere Wege finde oder die Sprache ändern" (Jonas, Badminton).

und weiter:

„Ein ganz doofes Bespiel natürlich wäre jetzt, das Kind kommt mit einem Problem auf mich zu und ich mach's blöd an, es soll das Problem selber lösen. Das ist ein doofer Ansatz. Das heißt, ich werd das ja auch nachher merken. Dem Kind geht's dann wahrscheinlich scheiße. Es fängt an zu weinen oder so was. Dann werde ich merken: Oh, das war aber falsch. Ja. Das heißt, beim nächsten Mal muss ich es anders machen. Und das, ich merke jetzt gerade, das kann ich jetzt auch wieder auf verschiedene Sachen verteilen. Ich kann mit der Körpersprache was falsch machen. Ich kann mit der Mimik was falsch machen. Oder ich kann mit der Sprache was falsch machen. Und daraus lernt man dann eigentlich. Wenn man was falsch gemacht hat, merkt man sich das für das nächste Mal. Und irgendwann entwickelt man so ein Gespür dafür" (Jonas, Badminton).

Diese Befunde verweisen darauf, dass der Sportverein aus der Sicht von Jugendlichen ein wichtiges Setting darstellt, um mit ganz unterschiedlichen Menschen zu interagieren und entsprechend Interaktionsfähigkeit und -bereitschaft auszubilden.

5.1.2.2   Kooperationsfähigkeit und -bereitschaft

Die Jugendlichen geben an, dass sie im Sportverein Empathie, Fair Play, Hilfsbereitschaft, Kooperation, Offenheit, Respekt, Rücksichtnahme, Toleranz/Akzeptanz, Unterstützung, Vertrauen, Zusammenhalt und Zuverlässigkeit lernen. Zwei Beispielzitate für Hilfsbereitschaft sowie Rücksichtnahme illustrieren das beispielhaft.

„Ich denke auch mal vom Verein wird vieles angeboten, wo wir jetzt auch gemeinsam was machen, jetzt auch wie die Xanten-Fahrt oder (...) Veranstaltungen und da ist man dann ja auch zusammen und ich denke, dass man da zusammen ist, die Freizeit verbringt, die Leute ja dann auch irgendwie mag und alles, und deswegen lässt

man die ja auch nicht hängen und hilft denen, wenn was ist und das ist ja eigentlich diese Teamfähigkeit, dass man halt keinen hängen lässt und hilft und alles so was" (Nina, Schwimmen).

„Ja, man lernt soziales Verhalten in dem Sinne, dass man nicht immer seinen eigenen Kopf versucht durchzusetzen, dass man auch Rücksicht auf Teammitglieder nimmt oder wenn's zum Beispiel nur um die Platzbelegung geht oder wenn man sieht dann irgendwie, dass die anderen noch 10 Minuten spielen können, aber man steht schon 5 Minuten die ganze Zeit davor und versucht die schon vom Platz mehr oder weniger zu drängen. So was lernt man eben im Sportverein, da kriegt man Gegenwind, wenn man so was machen würde, dass man das dann hinterher nicht mehr macht. Ist jetzt zwar nur ein kleines Beispiel, aber ich denke im Team selber, in der Mannschaft, in der man sich befindet, sei es Herren oder Jugendbereich oder Damen, da lernt man das eben am meisten, andere Spieler auch zu unterstützen während ihres Spiels und sich dann nicht eben so gegen alle zu stellen" (Dennis, Tennis).

Bei den genannten Aspekten, handelt es sich um zentrale Voraussetzungen für ein einfühlsames, vertrauensvolles und rücksichtsvolles Miteinander. Insofern verdeutlichen die Angaben, dass im Setting Sportverein aus der Sicht von Jugendlichen zentrale soziale Orientierungen zum Agieren in Gruppen gelernt werden; das heißt, Jugendliche erwerben Kooperationsfähigkeit und –bereitschaft.

5.1.2.3 Anpassungsfähigkeit und -bereitschaft

Die Jugendlichen verweisen darauf, dass sie im Sportverein lernen, Regeln einzuhalten, sich in Hierarchien einzuordnen und Kompromisse einzugehen.

„Man lernt vielleicht auch Probleme als Team zu lösen. Wenn irgendwas nicht läuft, dass man dann nicht probiert alleine da durchzugehen, sondern mit den anderen erst mal kurz zu sprechen und ganz wichtig ist halt, einen allgemeinen Kompromiss zu finden" (Marc, Handball).

Hierbei handelt es sich um Kompetenzen, die nicht nur für die Anpassung an soziale Gruppen, sondern für das Zusammenleben in der Gesellschaft von besonderer Bedeutung sind. Demzufolge lässt sich festhalten, dass aus der Sicht von Jugendlichen im Sportverein Anpassungsfähigkeit und -bereitschaft ausgebildet werden.

5.1.2.4   Durchsetzungsfähigkeit und -bereitschaft

Gleichzeitig betonen die Jugendlichen in den Gruppendiskussionen, dass sie im Sportverein lernen, Verantwortung zu übernehmen und Probleme zu lösen. Zudem geben sie an, Disziplin, Durchhaltevermögen und Durchsetzungsvermögen zu entwickeln.

> *„Dass man auch sagt, was man will ohne jemanden jetzt irgendwie anzugreifen sag ich mal. Ja und ich habe auch geschrieben: Kämpfen um das zu erreichen, was man sich vorstellt" (Manuela, Volleyball).*

Die genannten Fähigkeiten und Haltungen sind für eine stringente Zielverfolgung und das Durchsetzen eigener Interessen grundlegend. Dies verdeutlicht, dass im Setting Sportverein aus der Sicht von Jugendlichen Durchsetzungsfähigkeit und -bereitschaft zu erlangen sind.

5.2   Sachbezogene Kompetenzen

Die Jugendlichen verdeutlichen in den Gruppendiskussionen, dass sie im Sportverein neben den personbezogenen auch unterschiedliche *sachbezogene Kompetenzen* erlernen (vgl. Tab. 5). Die thematisierten Aspekte lassen sich den Bereichen *Kognitive Kompetenz, Organisatorische Kompetenz* und *Sportliche Kompetenz* zuordnen. Die einzelnen Ergebnisse werden im Folgenden dargestellt.

5.2.1   Kognitive Kompetenz

Im Rahmen des Übungs- und Wettkampfbetriebes erwerben die Jugendlichen spezifisches Wissen über sportliche Bewegung (Techniken, Taktiken) und entwickeln die Fähigkeit, Bewegungen zu beobachten und einzuschätzen (Beobachtungskompetenz). Die Jugendlichen betonen zudem, dass sie durch ihr Sportengagement für das Thema Gesundheit sensibilisiert werden und im Sportverein Wissen über eine gesunde Lebensweise transportiert wird.

> *„Also ich denk halt, dadurch, dass man Sport macht, versucht man auch zu Hause dann ein bisschen drauf zu achten. Man kriegt halt auch immer gesagt, nehmt genug zu trinken mit, auch grad im Sommer, und wir machen halt auch immer Pausen, da darf man dann auch manchmal was essen und das sind halt alles so Kleinigkeiten, die dann zusammen kommen, wo man aber auch merkt, dass der Verein ein Interesse daran hat, dass man selber auf die Gesundheit achtet. Und man merkt ja auch,*

dass wenn man Sport macht, dass man dann fit ist und dass man vielleicht nicht so oft krank ist und sich insgesamt vielleicht besser fühlt" (Christiane, Tischtennis) .
„Ja, sportlich bleiben, dass man nicht immer dicker wird und dicker und sich voll-frisst, sondern dass man halt auch richtig was tun soll, wenn man arbeitet. Okay wir trinken ja schon mal einen Kakao oder gehen zum Jibi [Imbiss], aber wenn man halt auch wirklich arbeitet oder dann doch mal zur Weide joggt oder beim Voltigieren joggen wir halt jedes Mal vorher, ist das in Ordnung" (Lea, Reiten).

Darüber hinaus eignen sich die Jugendlichen im Kontext der von ihnen betriebe-nen Sportarten spezifisches Wissen über den Umgang mit Materialien und Tie-ren (Reiten) an. Einige Befragte verweisen zudem darauf, dass sie im Sportver-ein Wissen über Erste Hilfe erworben haben. Gerade Jugendliche, die im Ju-gendvorstand aktiv sind, erlangen Einblicke in die Organisation Sportverein mit ihren demokratischen Entscheidungsstrukturen. Die Befunde verdeutlichen, dass der Sportverein für Jugendliche ein wichtiges Setting darstellt, um sich in der Praxis in ganz unterschiedlichen Bereichen Wissen anzueignen und dieses Wis-sen unmittelbar anzuwenden. Dieser unmittelbare Anwendungsbezug und die enge Verknüpfung von Wissen und Handeln, sind nach Gruber, Mandl und Renkl (2000) – im Sinne von Situiertheit – bedeutsam dafür, dass erworbenes Wissen nicht träge, d. h. handlungsunwirksam bleibt.

5.2.2 Organisatorische Kompetenz

Insbesondere die jugendlichen Gesprächspartner, die sich im Verein über eine Teilnahme am Trainingsbetrieb hinaus engagieren, heben in den Gruppendiskus-sionen hervor, dass sie durch ihre Tätigkeit Organisationskompetenzen im sport-lichen wie außersportlichen Bereich erlangen.

„Selbst wenn wir hier Wettkämpfe haben und veranstalten, dann ist das so, dass es wirklich funktionieren muss. Einige oben die Kärtchen einsammeln, andere dann Kampfrichter machen. Jeder irgendwie mithilft und das macht es ja auch auf jeden Fall aus" (Svenja, Schwimmen).

„Ja, zunächst wird sich getroffen und überlegt, was wird überhaupt gemacht. Dann wie ist das möglich auch finanziell? Dann wird halt gebucht. Je nach dem, was man machen möchte, ob Center Parks, Busse gebucht und dann werden halt Zettel ver-teilt und zu einem möglichst geringen Preis versucht, das auf die Beine zu stellen" (Steffi, Volleyball).

„Wir planen halt auch immer mit dem Verein verschiedene Aktivitäten außerhalb vom Tischtennis. Dann lernt man halt auch für so eine große Gruppe verschiedene

Dinge zu organisieren und so was halt zu planen. Ich denke, so was würde man ja nicht lernen, wenn man es nicht machen würde. Das muss man auch ein paar Mal gemacht haben, bis das dann reibungslos klappt oder so" (Christiane, Tischtennis).

Tabelle 5:   Kompetenzmatrix der im Sportverein zu erwerbenden sachbezogenen Kompetenzen (in alphabetischer Reihenfolge).

Sachbezogene Kompetenzen		
Kognitiv Kompetenz	*Organisatorische Kompetenz*	*Sportliche Kompetenz*
Beobachtungskompetenz	Durchführungskompetenz (bezogen auf Trainings-einheiten)	Erfahren neuer Erlebnis-dimensionen
Wissen über Bewegung (Techniken)	Organisationskompetenz	Erlernen von Bewegun-gen, Entwicklung sportl. Fertigkeiten und Fähigkei-ten
Wissen über den Umgang mit Materialien		Kennenlernen einer Sport-art und ihrer Kultur
Wissen über die Organisa-tion Sportverein		Kennenlernen und gezielte Ausbildung des eigenen Körpers
Wissen über Erste Hilfe		Verschieben von Leis-tungsgrenzen
Wissen über gesunde Lebensweise		Verstehen von Taktiken

Jugendliche, die im Verein nicht nur selbst sportlich aktiv sind, sondern auch als Übungsleiter arbeiten, entwickeln zudem ganz spezifische Kompetenzen zur Durchführung und Dosierung von Trainingseinheiten.

„Ja also ich darf die jetzt halt nicht, dass die dann aus dem Becken kommen und so-fort zusammenbrechen. Also ich soll schon ein bisschen drauf achten, dass wenn die jetzt wirklich an ihre Grenzen gegangen sind, dass ich die dann vielleicht auch mal ein bisschen Pause machen lasse und nicht, dass die dann sofort zusammenklappen" (Laura, Rettungsschwimmen).

„Also ich selber bin auch Trainerin, und da muss man halt drauf achten, dass alle mitkommen und muss auch auf die Schwächeren Rücksicht nehmen. Man muss die Übungen immer genauso abstimmen, dass jeder sozusagen, die Übungen erfüllen könnte und es aber für die Stärkeren nicht zu leicht wird. Nicht dass die sich anfangen zu langweilen und irgendwann keine Lust mehr haben" (Sarah, Volleyball).

Die Analyse zeigt, dass engagierte Jugendliche im Verein nach und nach in Aufgaben hineinwachsen und durch Handeln organisatorische Kompetenzen erwerben („Learning by doing"). Besonders interessant ist das Ergebnis, dass sie keineswegs ausschließlich Handlungskompetenzen entwickeln, die für die Organisation (Planung und Durchführung) des sportlichen Übungs- und Wettkampfbetriebes zentral sind. Vielmehr wird deutlich, dass Jugendliche durch die Übernahme von Verantwortung im Vereinsleben (z. B. Organisation von Festen, Ausflügen usw.) allgemeine Organisationskompetenzen ausbilden. Dies dürfte sie über ein Engagement im Sportverein hinaus auch zur Mitgestaltung in anderen gesellschaftlichen Feldern ermutigen und befähigen.

5.2.3 Sportliche Kompetenz

Schließlich verdeutlichen die Jugendlichen in den Gruppendiskussionen, dass sie im Sportverein durch die Ausübung ihrer Sportart ganz unterschiedliche bewegungs- und sportbezogene Kompetenzen erwerben. Die genannten Aspekte reichen von dem Erlernen von Bewegungen und der systematischen Entwicklung sportlicher Fertigkeiten wie Fähigkeiten, über das Verstehen von Taktiken bis zum Kennenlernen einer Sportart. Darüber hinaus geben die Heranwachsenden an, dass sich im Sport für sie neue Erlebnisdimensionen eröffnen, d. h. ungewöhnliche Erlebnisse gesammelt werden können. Außerdem betonen die Jungen und Mädchen, dass sie durch die sportliche Aktivität im Sportverein ihren Körper einerseits besser kennenlernen, und andererseits in die Lage versetzt werden, den Körper gezielt auszubilden und Leistungsgrenzen zu verschieben.

„Ja also hier im Sportverein lernt man ja auch seine eigenen Grenzen kennen, wenn man jetzt nicht, also ganz neu ist und nicht weiß, wie man eigentlich spielen kann, weil, das lernt man ja erst. Und danach wenn man jetzt zum Beispiel ein Spiel hat, dann lernt man ja seine eigenen Grenzen kennen" (Zadu, Tischtennis).

„Aber manchmal ist es auch gut, wenn Du über die Grenzen hinausgehst, weil dadurch Du dann, weil Du dann dadurch Deine Kondition steigerst" (Vivien, Rettungsschwimmen).

Das folgende Zitat signalisiert zudem, dass die Jugendlichen dem Sport eine wichtige Ventilfunktion zuschreiben.

> *„Dass man zum Beispiel die ganze Aggressivität, die man in sich hat vom Alltag, dass man die im Training oder im Spiel abbaut, zum Beispiel durchs Tore werfen oder was weiß ich, beim Training durchs Laufen, dass man das halt nicht im Alltag rauslässt an irgendwelchen anderen Leuten oder so"* (Marc, Handball).

5.3 Zusammenfassung

Aus der Sicht von Jugendlichen kann im Sportverein ein breites Spektrum an Kompetenzen erworben werden. Dabei handelt es sich erwartungsgemäß einerseits um eher sportbezogene Kompetenzen. Die Jugendlichen lernen über ihr Training ihren Körper kennen. Zudem erwerben sie sportartspezifische Fähigkeiten und können spezifische Sportkulturen entdecken. Andererseits handelt es sich – und zwar in der Mehrzahl der Nennungen – um eher übergreifende person- und sachbezogene Kompetenzen, die für das Leben in modernen Gesellschaften als zentral angesehen werden.

Auffallend ist die große Anzahl der von den Jugendlichen thematisierten *sozialen Kompetenzen*. Offensichtlich stellt der Sportverein ein geeignetes Setting dar, um soziale Kompetenzen zu erlernen. Die Gruppendiskussionen zeigen, dass dies keinesfalls nur für den Bereich der Mannschaftssportarten gilt. Individualsportlerinnen und -sportler betonen dies in ähnlicher Weise. In der Gruppe der Gleichaltrigen zurechtkommen zu müssen (und dies auch zu wollen, da alle die gleichen Interessen und Ziele verfolgen), scheint hiefür von hoher Bedeutung zu sein. Insofern werden die sozialen Prozesse im Training, im Wettkampf oder im Rahmen von außersportlichen Veranstaltungen als lernrelevant eingestuft. Die Jugendlichen nutzen z.B. den Raum des sportlichen Trainings, um sich soziale Handlungsweisen anzueignen und erachten die Gruppe im Sinne eines Korrektivs als bedeutsam für diesen Lernprozess. Da es den Jugendlichen wichtig ist, in einem Feld, das sie selbst gewählt haben und an dem sie Interesse und Spaß haben, integriert und akzeptiert zu sein, verfestigen sich offensichtlich günstige, in der Gruppe erwünschte soziale Orientierungen und Handlungsweisen.

Neben den sozialen Kompetenzen zeugen die Selbstaussagen der Jugendlichen davon, dass im Sportverein *personale Kompetenzen* erworben werden können. Offensichtlich wirken die im Sportverein zu bewältigenden Anforderungen auf die eigene Person, was zum Beispiel eine Erhöhung von Selbstbewusstsein und Selbstvertrauen zur Folge hat. Hierfür scheint, im Gegensatz zur Schule, bedeutsam zu sein, dass unter Ernstbedingungen gelernt wird. Heranwachsende können sich in unterschiedlichen, subjektiv relevanten Bereichen erproben und so wichtige Erfahrungen sammeln. Die Tatsache, dass die Sportart selbst gewählt ist und die Jugendlichen das Angebot annehmen, weil es ihnen Spaß macht, scheint ebenfalls eine Rolle zu spielen, da Zwanglosigkeit eine gute Voraussetzung für Lernen darstellt.

Schließlich weisen die Jugendlichen darauf hin, dass sie im Vereinsleben *kognitive Kompetenz*, d.h. Wissen auf unterschiedlichen Gebieten, sowie *organisatorische Kompetenz* erwerben. Die Aneignung von Wissen und organisatorischen Handlungskompetenzen scheint dadurch begünstigt, dass Jugendliche im Sportverein die Möglichkeit haben, selbst aktiv zu werden. Sie lernen, indem sie „Dinge in die Hand" nehmen. Die Schilderungen in den Gruppendiskussionen verdeutlichen, dass Jugendliche an ihren Aufgaben wachsen, insbesondere dann, wenn Probleme zu bewältigen sind oder etwas beim ersten Mal nicht ganz reibungslos verläuft. Abbildung 6 fasst die Analyseergebnisse zu den Kompetenzen, die Jugendliche im Sportverein erwerben können, abschließend zusammen.

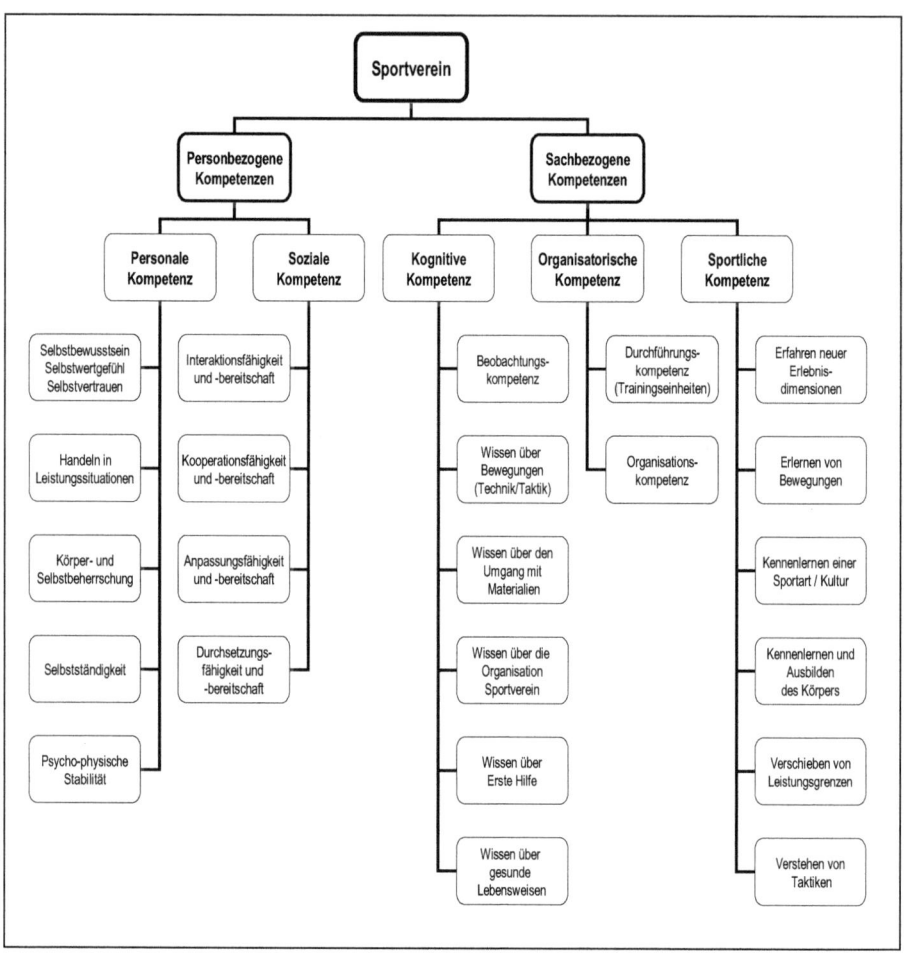

Abbildung 6:   Zusammenfassung der Kompetenzen, die Jugendliche nach
                 eigenen Angaben im Sportverein erwerben.

6 Ergebnisse der Interviewstudie

Nachdem die Gruppendiskussionen erste Hinweise auf die Kompetenzen gegeben haben, die Jugendliche aus ihrer Sicht im Sportverein erwerben, zielen die vertiefenden Interviews auf die Frage, wie bzw. in welchen Situationen Heranwachsende im Sportverein Kompetenzen erwerben. Die fallübergreifende Analyse ergibt fünf Situationstypen:

- Erfolg anstreben
- Mit Heterogenität umgehen
- Gemeinsam handeln
- Verantwortung übernehmen
- Mit dem Trainer interagieren

Diese fünf Situationstypen markieren unterschiedliche Bedingungs- und Aufgabenkonstellationen in Sportvereinen, sie sind allerdings nicht immer trennscharf. Im Folgenden werden die fünf Situationstypen umfassend charakterisiert. Zudem wird differenziert dargestellt, welche person- und sachbezogenen Kompetenzen sich Jugendliche auf der Grundlage der ermittelten Bedingungs- und Aufgabenkonstellationen informell aneignen.

6.1 Erfolg anstreben

Jugendliche arbeiten im Sportverein darauf hin, sportlich erfolgreich zu sein. Diese mehr oder weniger kollektive Intention fordert heraus, dass die Heranwachsenden im Training langfristig an der Verfolgung von Zielen arbeiten und im Wettkampf dafür eintreten, die gesetzten Ziele tatsächlich zu erreichen. Sowohl im Trainingsprozess als auch während des Wettkampfes erwerben die Jugendlichen vor diesem Hintergrund nicht nur sportbezogene Kompetenzen (wie z.B. das Erlernen von Bewegungen oder das Verstehen von Taktiken), sondern ebenso übergreifende personale und soziale Kompetenzen. Etwas erfolgreich zu bewältigen, spielt für die Jugendlichen aber auch außerhalb des eigenen Training- und Wettkampfbetriebs eine Rolle, z.B. bei der Organisation von Events.

Hierbei können sich Jugendliche ebenfalls personbezogene als auch sachbezogene Kompetenzen aneignen.

6.1.1 Trainingsprozess

Für Jugendliche ergeben sich im Trainingsprozess vielfältige Herausforderungen, sei es beim Üben von Bewegungsabläufen, beim Taktiktraining oder in Spielsituationen. Durch die erfolgreiche Bewältigung von Übungen kann aus der Sicht der Heranwachsenden das *Selbstbewusstsein* gestärkt werden (vgl. Abb. 7). Verdeutlicht wird das durch das folgende Zitat zum Voltigieren:

> *„Auch beim Volti. Ich muss ja auch stehen auf dem Pferd und irgendwelche Übungen auf dem Pferd machen und ich muss mich überwinden und das gibt auch noch mal Selbstbewusstsein, wenn man das dann schafft und nicht runterfällt. Und es sind halt viele schwere Übungen und wir müssen ja auch Doppelübungen im Galopp machen und das wird dann schon ziemlich schwer. Wenn man das dann schafft, das gibt dann auch immer so Selbstbewusstsein" (Lea, 13 Jahre, Reiten).*

Ferner geben die Jugendlichen an, dass sie im Training lernen, sich *Ziele zu setzen* und diese langfristig zu *verfolgen*. In den Interviews wird deutlich, dass die Ziele meist von einer hohen intrinsischen Motivation gestützt werden, d.h. die Jugendlichen verfolgen im Sport Ziele aus eigenem Antrieb:

> *„Wir sitzen zum Beispiel vor dem Training und sprechen zum Beispiel über das Spiel am Wochenende und dann sagt Anika, das ist immer eine ganz gute Stimmungsmacherin: ‚Ja, wir schaffen das jetzt!'. Und man macht die ja meistens schlecht und die sind ja nicht gut und wenn wir da richtig reinhauen, dann können wir das auch viel besser und dann sagen die anderen: ‚Ja klar, wir müssen das schaffen, wir wollen ja aufsteigen irgendwie. Dann spielen wir genau die gleiche Liga, wie die Mannschaft über uns und dann kommen immer mehr. Ja, das müssen wir wirklich schaffen und vielleicht kommen wir ja wieder zu den Westdeutschen Meisterschaften'. Und dann puscht man sich gegenseitig so hoch. Dann ist irgendwie so das Ziel entstanden, ja, wir wollen unbedingt alle aufsteigen oder wollen unbedingt den ersten Platz machen oder oben mitspielen und dann kommen wir halt so mit einer voll positiven Stimmung ins Spiel rein und Volleyball ist ja eh so ne richtige Kopfsache" (Debbie, 18 Jahre, Volleyball).*

Der Wunsch, Erfolg zu haben und die gesetzten Ziele tatsächlich zu erreichen, führt dazu, dass die Sportlerinnen und Sportler gemeinsam auf den Erfolg hinarbeiten und z.T. mehrmals in der Woche trainieren. In dieser Zeit sind sie füreinander da und halten fest zusammen, sodass sie häufig zu einem eingeschworenen Team zusammenwachsen (vgl. Kap. 6.1.2). Im gemeinsamen Training entwickeln die Jugendlichen – angesichts des gemeinsamen Ziels – die Fähigkeit und Bereitschaft zum *Kooperieren*. Diese Kompetenz schließt ein, Kritik von anderen annehmen zu können.

> *„Ja, man muss sich mit den anderen gut verstehen. Man muss schon eine gewisse Beziehung zueinander haben, (...) wenn man sagt, das musst du besser machen, da musst du die Hände anders halten. Man kritisiert sich zwar, aber man weiß, dass es gut gemeint ist und kann dadurch auch besser werden"* (Steffi, 17 Jahre, Volleyball, Turnen).

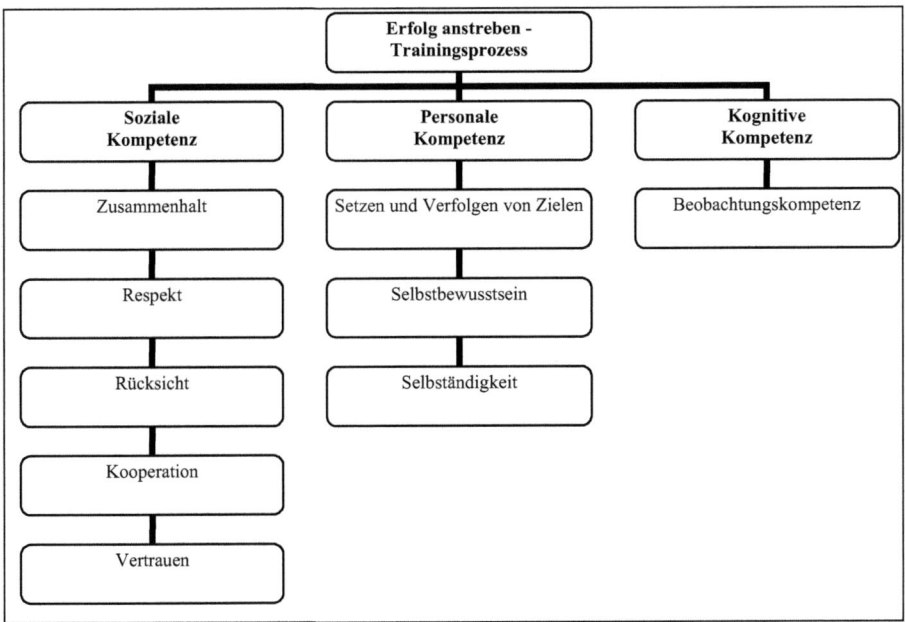

Abbildung 7: Kompetenzen, die aus der Sicht von Jugendlichen im Trainingsprozess erworben werden.

Zur Kooperationsfähigkeit gehört auch, dass sich die Mannschaftsmitglieder gegenseitig anfeuern, um gemeinsam als Mannschaft stark zu sein. Vielen Jugendlichen ist es im Sportverein wichtig, dass sie nicht gleich „angemeckert" werden, wenn sie mal einen schlechten Tag haben. Stattdessen bevorzugen sie einen kooperativen Umgang untereinander, bei dem die Mannschaft Unterstützung bietet und die „Motivation am Laufen" hält (Steffi, 17 Jahre, Volleyball,

Turnen). Als wichtige Voraussetzung für den Zusammenhalt in der Gruppe sehen die Jugendlichen zudem gegenseitigen *Respekt* an. Denn wenn sich die Heranwachsenden untereinander nicht respektieren, „kann Fußball spielen einfach nicht möglich sein auf dem Platz" (Elvedin, 16 Jahre, Fußball). Respekt äußert sich für die Mädchen und Jungen im Trainingsprozess vor allem darin, alle Mitglieder einzubeziehen und auf die anderen Gruppenmitglieder *Rücksicht* zu nehmen.

> *„Schon alleine in der Kindergruppe lernt man ja, dass man mit allen spielen muss und dass man alle mit einbeziehen muss und dann in einer Grundschule, und dann geht man halt in den Sportverein und da wird einem das noch mal klar gemacht, dass Volleyball eben ein Mannschaftssport ist und dass alle mitspielen und man sozusagen nicht alleine immer ganz egoistisch handeln kann" (Sarah, 17 Jahre, Volleyball).*

Daher werden – wieder mit Blick auf die selbstgesetzten Ziele – Entscheidungen gemeinsam getroffen. Wie das folgende Zitat zeigt, können diese sogar die Trainerfrage betreffen:

> *„Dann auch untereinander überlegt, wie das jetzt mit der Trainerfrage weitergeht, weil wir ja noch einen anderen Trainer hatten, der uns in der Jugend bis dahin betreut hat, mit dem wir dann den ersten Platz gemacht haben und haben diesen Trainer jetzt auch in den Damen, weil wir einfach mit dem gewinnen, also wir haben uns überlegt, wie können wir es trotzdem noch schaffen, dass wir gewinnen und haben uns eigentlich gegen den anderen Trainer entschieden, was natürlich nicht immer nur die Entscheidung von der Mannschaft ist, welchen Trainer man bekommt, aber wir haben uns halt irgendwie überlegt in der Mannschaft, nachdem wir das Ziel nicht bekommen haben; wie können wir in der nächsten Saison das Ziel noch mal aufnehmen. Also, wir hatten genau das gleiche Ziel, aber wie können wir es auch wirklich umsetzen und dann haben wir halt mit dem anderen Trainer, das Ziel geschafft umzusetzen, weil er wirklich nur einer ist, der die Stärksten einsetzt" (Debbie, 18 Jahre, Volleyball).*

Hier zeigt sich, dass die Jugendlichen *Selbstständigkeit* entwickeln. Dafür spricht auch, dass sie den Übungsbetrieb aufrecht erhalten, wenn der Trainer mal nicht anwesend ist. Dies zeugt davon, dass sie für sich selbst Verantwortung übernehmen. Die Jugendlichen betonen, dass dies geschieht, weil sie Respekt vor ihrem Trainer haben. Die ganze Gruppe bestimmt dann gemeinsam, was sie beim Training üben und alle ziehen dann mit, so als würde der Trainer dabei sein (Elvedin, 16 Jahre, Fußball).

Neben den bereits genannten personalen und sozialen Kompetenzen können die Heranwachsenden im Training die kognitive *Beobachtungskompetenz* erwerben, wodurch wiederum das Spielverständnis aber auch die Teamfähigkeit gefördert wird.

> *„Ja, man steht halt am Tisch und man beobachtet das halt und die Teammitglieder, die sitzen dann halt drum herum um den Tisch. Haben auch den Blick darauf und meistens ... oft hat man halt von außen einen besseren Überblick über den Tisch und eine besondere Situation als wenn man direkt am Tisch dran steht und dadurch kann dann auch mal in der Gruppe gesagt werden: Das und das liegt da. Und das kann man dann vielleicht besser machen. Und dadurch wird dann auch noch gleichzeitig ein bisschen die Teamfähigkeit gesteigert und selbst noch das Spielverständnis, dass man dann das sieht und beim nächsten Mal übersieht man das nicht mehr und dann kann man das direkt machen" (Tobias, 15 Jahre, Billard).*

6.1.2 Wettkampf

Wettkämpfe sind für jugendliche Sportlerinnen und Sportler stets besondere Momente. Hier wollen sie Höchstleistungen zeigen und Erfolge erzielen. In den Interviews wird deutlich, dass Wettkämpfe nicht nur sportliche Kompetenzen fordern und fördern, sondern ebenso soziale Kompetenzen wie *Zusammenhalt, Kooperation, Verantwortung* und *Respekt*. Personale Kompetenzen werden in und durch Wettkämpfe gestärkt, da sich die Jugendlichen für die Wettkämpfe *Ziele setzen* und diese *verfolgen*. Wettkämpfe bedingen aber auch, dass Jugendliche lernen müssen, mit ihren *(Miss-)Erfolgen umzugehen* (vgl. Abb. 8).

Die Jugendlichen betonen, dass sich der im Training aufgebaute *Zusammenhalt* besonders in Wettkampfsituationen äußert und weiter gestärkt wird.

> *„Ja, also überhaupt der Zusammenhalt in der ganzen Gruppe bei uns. Also das merkt man halt total auf Wettkämpfen, wenn jetzt einer die Zeit nicht geschafft hat, die er aber unbedingt wollte, da ist immer jemand für einen da" (Daniela, 15 Jahre, Schwimmen).*

So trösten sich die Heranwachsenden offensichtlich gegenseitig, wenn erhoffte Leistungen nicht erreicht werden. Andererseits rufen gemeinsame Erfolge ein intensives Glücks- und Zusammengehörigkeitsgefühl hervor, das sich positiv auf den Zusammenhalt auswirkt. Bemerkenswert ist die Tatsache, dass dies offensichtlich nicht nur in den Teamsportarten der Fall ist, sondern auch in Individualsportarten.

„Wenn man in der Mannschaft zusammensitzt: jeder feuert den anderen an, freut sich dafür. Eigentlich sagt man immer Schwimmen ist ein Einzelsport, aber irgendwie ist man doch eine Mannschaft und auch wenn es nicht eine Staffel ist. Man freut sich einfach, wenn der andere dann auch etwas Gutes schafft. Das bringt dann auch irgendwie Zusammenhalt" (Svenja, 19 Jahre, Schwimmen).

„Ja ich weiß nicht wie ich das sagen soll. Das ist einfach ein Glücksgefühl, wie man mit der Mannschaft Freude erlebt, aber auch mal verliert und das schweißt zusammen und das macht einfach Spaß" (Corinna, 18 Jahre, Handball).

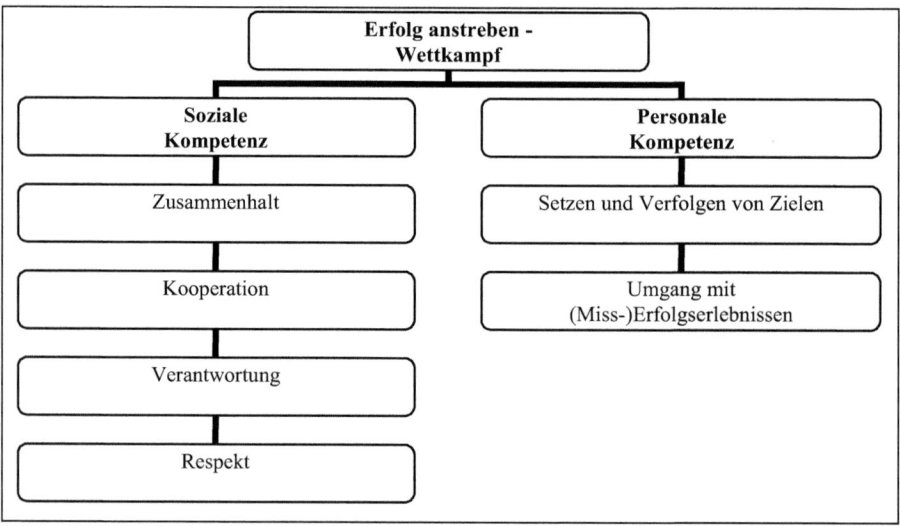

Abbildung 8:   Kompetenzen, die aus der Sicht von Jugendlichen im Wettkampf erworben werden.

Die Interviews verdeutlichen zudem, dass die Teilnahme an Wettkämpfen von den Heranwachsenden die Fähigkeit und Bereitschaft zum Kooperieren abverlangt.

„Man weiß, der eine kann den Ball in der und der Situation nicht gut annehmen, da muss man dann auch helfen. Und so halt kooperieren und zusammen arbeiten" (Steffi, 17 Jahre, Volleyball).

Eine wichtige Voraussetzung für eine dauerhafte *Kooperation* von Sportlerinnen und Sportlern scheint gegenseitige Sympathie zu sein.

> *„Ja, man redet halt mit jemandem, aber anders als wenn man jetzt mit jemandem reden würde, den man halt als Freund hat. Man möchte möglichst gut gewinnen, aber fair spielen, aber man muss ja mit den Teamkollegen auch zusammen arbeiten. Das kann [man] nicht, wenn man [ihn] nicht mag" (Zadu, 15 Jahre, Tischtennis).*

Des Weiteren zeigt sich, dass Jugendliche in Wettkampfsituationen Führungsaufgaben übernehmen. Hierbei lernen die Sportlerinnen und Sportler Verantwortung für sich bzw. ihr Team zu übernehmen (vgl. Kap. 6.5):

> *„Es ist ja eigentlich nicht so gut, wenn der Trainer mitten im Spiel so reinschreit oder so was. Das finde ich eigentlich nicht so gut. Und wenn dann da irgendwas war, wo ich sicher weiß: So geht es besser oder so, hat der Trainer gesagt, sollen wir das machen, ja dann hab ich auch schon mal ab und zu leise irgendwas gesagt" (Isa, 17 Jahre, Volleyball).*

> *„Ich bin der Kapitän und wenn ich jetzt sehe, dass einer oder zwei von der Mannschaft jetzt hier den Mund aufmachen, dann greife ich natürlich ein und sage: ,Ihr seid mal leise, ihr habt da jetzt nichts zu sagen'. Wenn da einer was sagt, dann der Trainer" (Imad, 17 Jahre, Fußball).*

Wer dauerhaft Teil eines Teams sein möchte, muss solche Ansagen von Mannschaftskollegen offenbar respektieren und befolgen. *Respekt* müssen die Jugendlichen im Wettkampf jedoch auch vor den Entscheidungen des Trainers haben:

> *„Im Spiel, wenn dem Trainer irgend etwas nicht passt, dann fängt er an zu meckern und wenn du Respekt vor dem Trainer hast, befolgst du diese Regeln, die er gerade aufgestellt hat" (Elvedin, 16 Jahre, Fußball).*

Neben den genannten sozialen Kompetenzen geben die Jugendlichen an, dass sie durch die Teilnahme an Wettkämpfen personale Kompetenzen erwerben. So wird deutlich, dass sie sich vor dem Wettkampf ein *Ziel setzen* und dieses konsequent *verfolg*en:

> *„Das sagt dann jeder untereinander und wir müssen die auf jeden Fall weghauen und dann bringt einer sogar noch irgendwie Traubenzucker mit, weil er sagt, hier, das puscht euch dann nochmal und wir schaffen das auf jeden Fall und so entsteht dann so ne Stimmung in der ganzen Mannschaft, die halt so einen Sieg dann unbedingt holen möchte" (Debbie, 18 Jahre, Volleyball).*

Da die angestrebten Erfolge keineswegs immer zu erreichen sind, werden die Heranwachsenden in Wettkämpfen zwangsläufig mit Rückschlägen bzw. Niederlagen konfrontiert. Dadurch können sie den *Umgang mit Misserfolg* lernen. Eine von den Jugendlichen erwähnte Form des Umgangs mit Misserfolg ist das schnelle Fokussieren von neuen Zielen.

> *„Und wenn man dann den Sieg nicht schafft, dann ist man natürlich erstmal richtig down und dann sind nach dem Spiel auch welche schon mal weinend aus der Halle gegangen, weil sie dann schon so sicher waren, dass man es schafft oder so das Ziel hatten, das zu schaffen. Dass erst mal alles zusammenstürzt, wenn man's nicht schafft. Aber dann ist da direkt das nächste Ziel. Man darf ja dann nicht aufgeben beim Sport"* *(Debbie, 18 Jahre, Volleyball).*

Darüber hinaus wird deutlich, dass die Heranwachsenden – auch durch die Anleitung von Trainerinnen und Trainern – lernen, Ziele, die sich während des Wettkampfes als unrealistisch erweisen, kurzfristig angemessen anzupassen:

> *„Man steht, ist auf dem Spielfeld und man hat den Gegner vielleicht gar nicht so richtig eingeschätzt, man hat vielleicht schon gedacht, wir gewinnen das Spiel. Das ist ja ein mögliches Ziel. Aber dann merkt man auf einmal, der Gegner ist richtig gut und man kann irgendwie doch nichts machen. Dann wird ne Auszeit genommen und der Trainer sagt, nicht so direkt, wir müssen uns ein neues Ziel suchen, wir müssen jetzt erst mal versuchen, uns nicht völlig den Ball um die Ohren ballern zu lassen. Wir müssen jetzt erst mal versuchen, dagegen standzuhalten; auch wenn wir vielleicht nicht direkt gewinnen, aber erst mal jetzt versuchen Punkte ungefähr gleich zu halten oder auf jeden Fall alles zu geben. Irgendwie, dass man sich nicht hängen lässt. Es kommt ja nicht immer nur auf den Sieg an, sondern generell wie man so da steht"* *(Debbie, 18 Jahre, Volleyball).*

Das Zitat verweist ferner darauf, dass für Jugendliche keineswegs nur Siege als Erfolg gewertet werden. Offenbar zählt für sie durchaus, dass sie mit ihrer Wettkampfleistung zufrieden sein können und subjektiv zumindest „alles gegeben" haben.

6.1.3 Organisation von Events

Der Umstand, dass Jugendliche im Sportverein „Erfolg anstreben", ist nicht nur auf den Trainings- und Wettkampfbetrieb beschränkt. Bei der Organisation von Events nehmen Jugendliche auch außersportliche Herausforderungen an und möchten die übernommenen Aufgaben zu einem erfolgreichen Ergebnis führen. Dies betrifft beispielsweise die Planung und Durchführung von Wettkämpfen, Festen und anderen Freizeitaktivitäten. Die Teilhabe an diesem Prozess stößt insbesondere die Entwicklung von sozialen Kompetenzen an (vgl. Abb. 9).

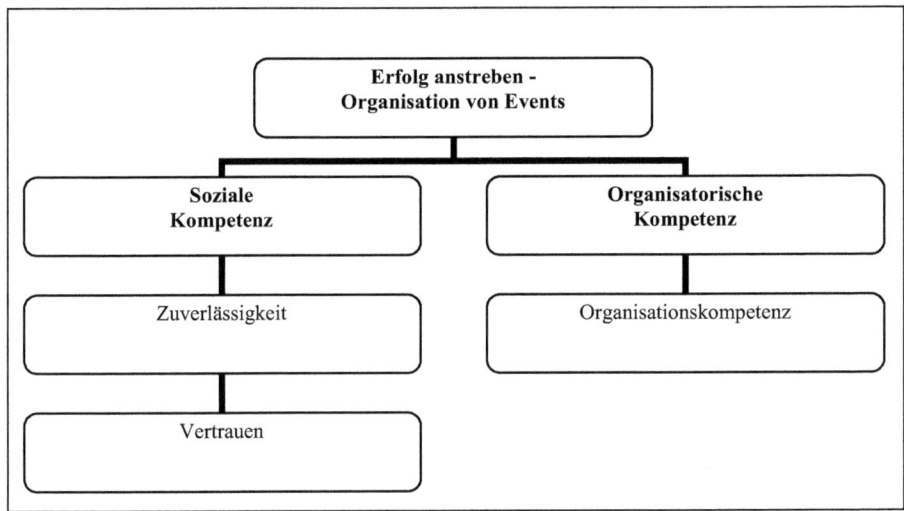

Abbildung 9:   Kompetenzen, die aus der Sicht von Jugendlichen beim
Organisieren von Events erworben werden.

So berichten die Jugendlichen von der Erfahrung, dass eine arbeitsteilige Aufga-
benerledigung *Zuverlässigkeit* und *Vertrauen* voraussetzt. Betont wird, dass man
bei der Planung und Durchführung von Events einerseits selbst zuverlässig sein
müsse, andererseits müsse man anderen Personen bei der Übertragung von Aufgaben Vertrauen entgegenbringen:

> *„Da ist Vertrauen auch sehr wichtig. Weil man sich auch auf den anderen verlassen*
> *muss, egal was man gerade macht. Ob man Termine abspricht, ob man irgendwas*
> *plant. Jeder muss seinen Teil machen. Man muss auch den anderen vertrauen, damit*
> *man zum Ende kommt, damit man zum Ziel kommt. Wenn man einander da nicht*
> *vertraut, dann darf man keinen mit Geld losschicken, mit Zetteln losschicken. Dann*
> *klappt es hinten und vorne nicht" (Steffi, 17 Jahre, Volleyball).*

Die Schilderungen der Jugendlichen verweisen zudem darauf, dass sie durch die
wiederholte Planung und Durchführung von Events im Sportverein sachbezogene Kompetenzen in Form von *Organisationskompetenz* erwerben.

> *„Auch im Vorstand. Wenn Events organisiert werden, muss sich auch abgesprochen*
> *werden. Wer macht was? Und so muss man auch zusammenarbeiten, damit letztend-*
> *lich auch alles glatt läuft" (Steffi, 17 Jahre, Volleyball).*

Das bedeutet, die Heranwachsenden lernen, Aufgaben abzusprechen und Abläufe festzulegen:

> *„Selbst wenn wir hier Wettkämpfe haben und veranstalten, dann ist das so, dass es wirklich funktionieren muss. Dass welche oben die Kärtchen einsammeln, dass andere dann Kampfrichter machen. Dass jeder irgendwie mithilft und das macht es ja auch auf jeden Fall aus" (Svenja, 19 Jahre, Schwimmen).*

Darüber hinaus ist anzunehmen, dass Jugendliche bei der Organisation von Events spezifische kognitive Kompetenzen sowie Kompetenzen im Umgang mit Geräten und Materialien erwerben. Dies wird von den Interviewpartnerinnen und -partnern der untersuchten Stichprobe jedoch nicht explizit angesprochen.

6.2 Mit Heterogenität umgehen

Heterogenität kann sich im Sportverein auf unterschiedliche Art und Weise zeigen, beispielsweise in Bezug auf das Geschlecht, die Ethnie, die soziale Herkunft oder den Behinderungsgrad. Von den Heranwachsenden werden vor allem *Leistungs-* und *Altersunterschiede* angesprochen, mit denen sie sich im Vereinsleben bewusst konfrontiert sehen. In den Interviews wird deutlich, dass sich die Jugendlichen über den Umgang mit Sportlerinnen und Sportlern unterschiedlichen Leistungsvermögens sowie verschiedenen Alters insbesondere soziale Kompetenzen aneignen.

6.2.1 Umgang mit Leistungsunterschieden

Im Sportverein erleben Jugendliche ganz unmittelbar, dass nicht alle Menschen die gleichen Leistungen erbringen. Im direkten Umgang mit Leistungsdifferenzen entwickeln die Heranwachsenden offenbar eine gewisse Feinfühligkeit.

> *„Ja, dass es halt schwächere Leute gab, dass man denen auch irgendwie helfen musste, auch auf die Rücksicht nehmen musste, dass man jetzt nicht, wenn man eine Annahmeübung macht, den Ball genauso doll auf diejenige sozusagen drauf schlägt, wie auf eine, die genau besser annehmen kann. Da muss man halt auch Rücksicht drauf nehmen" (Sarah, 17 Jahre, Volleyball).*

Einerseits lernen die Vereinssportlerinnen und -sportler, auf Leistungsschwächere Rücksicht zu nehmen und andererseits, ihnen mit Respekt zu begegnen.

„Ja, ich hab einmal beim Training selber, sowohl beim Aufwärmen als auch beim Tischtennisspielen, gerade beim Jugendtraining, wenn die Jungen und Mädchen miteinander spielen, da ist es sehr wichtig, dass sie untereinander Rücksicht nehmen, gerade weil die Mädchen beim Aufwärmen häufig schwächer sind bei Ballspielen oder so und die Jungs die lernen einfach dabei, das zu respektieren, dass die die Schwächen der Mädchen erkennen und sicherlich jetzt auch jünger oder kleine Jungs, die das auch noch nicht so drauf haben, das Gleiche mit Anfängern und welche, die schon länger dabei sind und er hat einfach das zu respektieren, dass man trotzdem jeden anspielt, jeden integriert und machen lässt und einfach so fördert, dass die Mannschaft wächst und zusammenhält" (Christiane, 18 Jahre, Tischtennis).

Da es in vielen Sportarten darum geht, als Team stark zu sein, sind die Heranwachsenden zudem bestrebt, bestehende Leistungsunterschiede auszugleichen, d.h. sich gegenseitig zu helfen bzw. sich mit unterschiedlichen Fähigkeiten gegenseitig zu ergänzen.

„Ja, man spielt ja in der Mannschaft und das sind ja mindestens sechs Leute in einer Mannschaft und da gibt es immer Leute, die können halt bestimmte Sachen besser und die Anderen halt nicht, die können was anderes besser und die können einen sozusagen auch aushelfen." (Sarah, 17 Jahre, Volleyball).

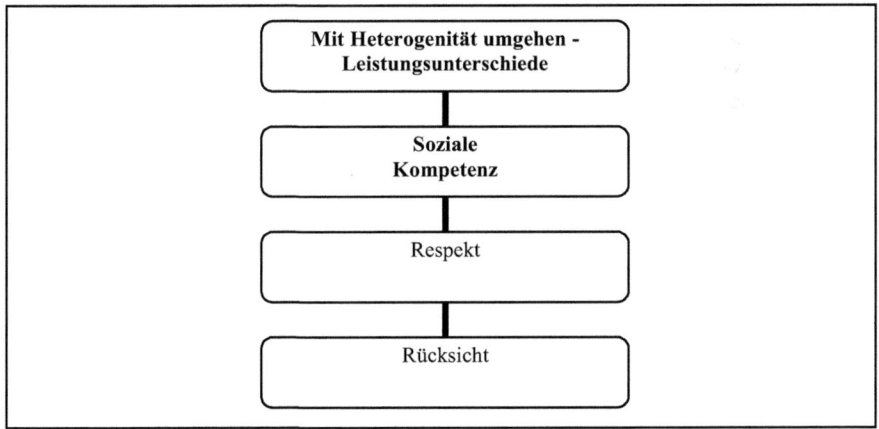

Abbildung 10: Kompetenzen, die aus der Sicht von Jugendlichen im Umgang mit Leistungsunterschieden erworben werden.

Das gegenseitige Helfen beschränkt sich nicht nur auf Trainingsphasen, sondern findet auch im Wettkampf statt; beispielsweise, wenn wegen des Ausfalls einer Mannschaftskollegin ein Teammitglied eine ungewohnte Spielposition übernehmen muss:

„Ja, also, bei mir war das so. Unsere Stellerin hatte sich verletzt und da musste ich halt sozusagen einspringen als Stellerin und da hab ich halt gelernt, dass sozusagen die Angreifer, also, weil ich nicht sonderlich gut stellen konnte, mir probiert haben, dabei zu helfen, immer mich verbessert haben, aber auf eine nette Art und halt sozusagen darauf Rücksicht genommen haben, dass ich das eigentlich gar nicht gut kann, aber die trotzdem probiert haben, mir dabei zu helfen" (Sarah, 17 Jahre, Volleyball).

Rücksichtsvoll zu agieren ist den befragten Jugendlichen auch mit Blick auf eine positive, angstfreie Atmosphäre sehr wichtig. Das folgende Zitat verdeutlicht, dass Rücksichtnahme für die Heranwachsenden auch bedeutet, sich selbst (z. B. mit bestimmten Bemerkungen) zurückzuhalten.

„Dadurch lernt man auch so ein bisschen miteinander zu spielen, indem man auch menschlich mit den Leuten umgehen kann, weil es danach halt noch so eine große Diskussion darüber gab und, ich meine, so was will keiner gerne hören. Dass, wenn man aufs Spielfeld geht mit der Motivation oder auch der Angst: Oh mein Gott. Jetzt hängt der Druck irgendwie in gewisser Weise auf mir, das möchte man nicht hören: Oh, Gott. Das bringst du sowieso nicht. Und man muss auch lernen beim Spiel, dass man sich dann zurückhält. Und selbst wenn man so was denkt, hey du bist viel zu schlecht oder so, selbst wenn man so was denkt, dann muss man das einfach nicht aussprechen. Und man sollte wirklich den Mitspielern insofern vertrauen, dass man einfach weiß, komm die will es jetzt auch probieren und die hat jetzt den Ehrgeiz und den Biss, und jemandem die Daumen drücken, statt sich da irgendwie zu ärgern" (Corinna, 18 Jahre, Handball).

Hier deutet sich an, dass Jugendliche die angesprochenen sozialen Kompetenzen lernen, um sich den anderen gegenüber so verhalten zu können, wie sie selbst gerne behandelt werden möchten.

6.2.2 Umgang mit Altersunterschieden

Vor allem in Individualsportarten ist es üblich, dass Kinder und Jugendliche verschiedener Altersstufen gemeinsam trainieren. Außerdem arbeiten Jugendliche, die im Verein eine Funktion übernehmen, eng mit den Erwachsenen zusammen. Auf den Umstand, im Verein mit Personen unterschiedlichen Alters umzugehen, führen die Befragten den Erwerb von sozialen und personalen Kompetenzen zurück (vgl. Abb. 11).

Da ältere Jugendliche i.d.R. länger im Verein sind und daher über mehr Erfahrung verfügen, sind sie für jüngere Vereinsmitglieder häufig Vorbild und Ansprechpartner bei Fragen oder Problemen.

„Dass die Leute, die schon länger hier sind, meistens älter sind. Die haben dann natürlich schon viel mehr Zeit hier verbracht und kennen sich wesentlich besser aus und dass dann die Jüngeren, das sind meistens eigentlich hier die Neueinsteiger und dass dann z. B. so eine Situation ist, dass sie nicht genau wissen, welche Sachen sie für welches Pferd benutzen dürfen oder so und dass halt kurz erklärt wird oder gezeigt wird, das und das kannst du benutzen" (Kim, 15 Jahre, Reiten).

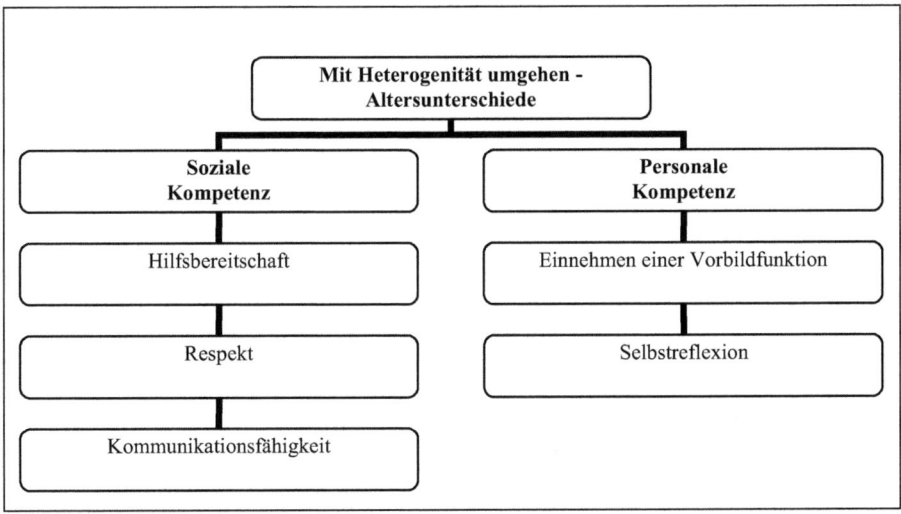

Abbildung 11: Kompetenzen, die aus der Sicht von Jugendlichen im Umgang mit Altersunterschieden erworben werden.

In der Rolle des Vorbildes und Ansprechpartners lernen die Älteren andere Personen zu unterstützen *(Hilfsbereitschaft)*. Den Jüngeren dienen sie dabei als positives Modell, und häufig wird das Verhalten später nachgeahmt. Gleichzeitig wird es den Jüngeren durch den kooperativen Umgang erleichtert, mit dem neuen Umfeld vertraut zu werden und schrittweise in die Erledigung von Aufgaben hinein zu wachsen.

„Ja, als ich früher angefangen hab zu voltigieren und dann, ich hab eine zeitlang, bin ich voltigiert und ich bin geritten und, da war ich sieben oder acht Jahre alt,

was halt ein ganz großes Problem war, wenn ich größere Pferde geritten bin und da kamen z. B. auch die Leute, die schon länger hier waren immer an, ja, kann ich dir helfen und dann stand da auf einmal ein Kreis vor einem von fünf Leuten, die dann hilfsbereit alle mit irgendwelchem Putzzeug, Sattel, Trense in der Hand, einem irgendwie da geholfen haben, damit das klappt und einem dann auch erklärt, damit man es selber lernt. Also, das ist hier auf jeden Fall relativ gut dabei. Wir haben hier z. B. die Schnupperkurse in den Ferien immer, wo kleine Kinder, die anfangen wollen zu reiten oder mit Voltigieren oder einfach Spaß am Pferdesport haben, hinkommen oder wo halt welche von uns Größeren helfen, denen das alles zu erklären oder sowas, damit die das begreifen können, wie sie mit dem Pferd umgehen können und so was" (Kim, 15 Jahre, Reiten).

„Also, die Kleinen gucken dann eher auf uns Jugendliche. (...) So wie wir uns das dann wieder bei den Erwachsenen abgucken" (Steffi, 17 Jahre, Volleyball).

Da sich viele Vereinsjugendliche ihrer Vorbildfunktion bewusst sind, bemühen sie sich um das Vorleben von angemessenen Verhaltensweisen. Das folgende Zitat verdeutlicht dies für den Bereich der Kommunikation:

„Man lernt praktisch von demjenigen, der einem das vorlebt. Wenn ich jetzt immer ausfallend reagieren würde, dann würden die Kinder, abgesehen davon, dass sie wahrscheinlich nicht kommen würden, das auch machen" (Jonas, 18 Jahre, Badminton).

Der Umgang mit Jüngeren fördert zudem die Fähigkeit zur Selbstreflexion. Die Jugendlichen erkennen sich in bestimmten Situationen selbst wieder, reflektieren das eigenen Verhalten und ziehen ggf. ihre Schlüsse:

„Ja, das ist schon so, dass ich mich dann in den Kleinen widerspiegele. (...) Man reflektiert sich dann so ein bisschen selber. Wie man selber kleiner war, war im Prinzip genau dieselbe Situation und so lernt man dann auch mit denen umzugehen und auch dem Trainer halt zu vertrauen. Das ist halt alles, das man sich so widerspiegelt" (Steffi, 17 Jahre, Volleyball, Turnen).

In den Interviews verweisen die Heranwachsenden ferner darauf, dass die Zusammenarbeit von Jugendlichen und Erwachsenen – beispielsweise im Rahmen der Vorstandsarbeit – dazu führt, gegenseitigen *Respekt* aufzubauen.

„Dadurch, dass wir hier im Vorstand (...), ab zwölf, dreizehn [Jahren], sind die Kinder hier mit im Jugendvorstand, dass man da mit den Erwachsenen mitarbeitet, lernen die Erwachsenen natürlich auch, auf die Ideen der Kinder Rücksicht zu nehmen und diese vielleicht auch mal in den Vordergrund zu stellen und dadurch respektieren die Erwachsenen natürlich auch die Kinder. Ich denke, dass dieses Gegenseitige, was da stattfindet, sehr wichtig ist, dass das eine gute oder wichtige Basis ist für die Vereinsarbeit und nur wenn der gegenseitige Respekt stattfindet, dass dann auch das Vereinsleben intakt sein kann" (Christiane, 18 Jahre, Tischtennis).

Aber auch durch das gemeinsame Training von Jugendlichen und Erwachsenen im Verein bzw. die zeitgleiche Nutzung von Hallen oder Sportanlagen, lernen die Mädchen und Jungen die Wünsche der Erwachsenen kennen und respektieren.

„Bei manchen [Gruppen] überschneidet sich das [Training] am Schluss für eine halbe Stunde. Da lernen die Kinder natürlich, sich angemessen zu verhalten, wenn die Erwachsenen in der Halle sind, weil die Erwachsenen möchten natürlich eher ihre Ruhe haben und da darf es dann nicht so laut zugehen und das kriegen die Kinder aber ganz gut hin und respektieren dadurch halt, dass sie sich dann anders verhalten müssen" (Christiane, 18 Jahre, Tischtennis).

Respekt haben die jugendlichen Vereinsmitglieder ganz besonders vor ihren erwachsenen, sportlichen Vorbildern, zu denen sie aufsehen und denen sie nacheifern. Da es ihnen wichtig ist, von diesen anerkannt und respektiert zu werden, gewöhnen sich die Heranwachsenden ihrerseits an, sich respektvoll zu benehmen.

„Wir trainieren Dienstag und Donnerstag, da trainiert auch unsere Seniorenmannschaft, die Älteren. Man guckt ja immer hoch auf die Senioren, weil man da später auch spielen will, hoch genommen werden will, und man sagt, die Seniorenspieler haben ja auch alle hier in der Jugend gespielt, die kennt man meistens alle und wenn man die grüßt und so und die Älteren eben respektiert, dann bekommt man den Respekt eben zurück, in dem die auch mal draußen in der Stadt einen grüßen und mit einem reden, obwohl die manchmal 15 oder 20 Jahre älter als wir sind" (Imad, 17 Jahre, Fußball).

6.3 Gemeinsam handeln

Die Jugendlichen weisen in den Interviews darauf hin, dass es für sie selbstverständlich ist, im Vereinsalltag Schwierigkeiten gemeinsam zu bewältigen. Dies gilt insbesondere für Situationen, in denen sie *Angriffen von außen* ausgesetzt sind. Des Weiteren wird deutlich, dass Heranwachsende im Sportverein Kontakte knüpfen, die sich in vielen Fällen zu freundschaftlichen Bindungen entwickeln. In diesem Fall findet auch über das Vereinsleben hinaus eine *gemeinsame Freizeitgestaltung* statt.

6.3.1 Angriffe von außen

Heranwachsende werden im Sportverein mit „Angriffen von außen" konfrontiert. Zum einen kann es sich dabei im Wettkampfbetrieb um Schiedsrichterentscheidungen handeln, die als ungerecht empfunden werden, oder um Kritik aus gegnerischen Mannschaften.

> *„Das gibt es natürlich auch oft bei irgendwelchen Schiedsrichterentscheidungen speziell. Und da steht dann die Person nicht alleine da, muss sich nicht alleine wehren" (Isa, 20 Jahre, Volleyball)*

> *„Also ich denke mal jetzt, im Spiel zum Beispiel. Ja, wenn zum Beispiel irgendjemand von der anderen Mannschaft jemanden aus der eigenen Mannschaft kritisiert oder ihn persönlich angreift oder so was, könnte man da für denjenigen Partei ergreifen und für ihn einstehen. Genau!" (Isa, 20 Jahre, Volleyball).*

„Angriffe von außen" bewirken, dass sich Teammitglieder diesen gemeinsam widersetzen. Für ein Teammitglied Partei zu ergreifen, einzustehen und es nicht allein zu lassen, ist für die Jugendlichen gelebte *Hilfsbereitschaft*, die wiederum bedeutend dafür ist, dass *Vertrauen* möglich ist und wächst (vgl. Abb. 12). Zum anderen treten im Vereinsleben durchaus Konflikte auf, beispielsweise zwischen einzelnen Mitglieder bzw. Mitgliedergruppen und Vorstandsmitgliedern.

> *„Ja. Ich muss [mich] halt gegen den Vorstand durchsetzen und gegen die Voltigierlehrer, die eigentlich diese [Übungs-]Gruppe nicht mehr halten wollten. Und da muss ich ja jetzt auch stark bleiben und sagen, ne, man kann auch andere Lösungen finden und nicht einfach sagen, die muss aufgelöst werden, sondern, man kann sie auch behalten und da sind halt auch einige sauer gewesen, haben halt nicht mehr mit mir geredet oder haben mich nur noch doof angeguckt, aber da muss ich dann durch und hinterher ist es dann doch gelöst worden und jetzt sind alle wieder glücklich" (Lea, 13 Jahre, Reiten).*

Bei Konflikten für die eigenen Interessen und Bedürfnisse einzutreten und sich gegen die Entscheidungen von Erwachsenen zur Wehr zu setzen, fördert die personale Kompetenz *Durchsetzungsfähigkeit*. Darüber hinaus wird in den Interviews deutlich, dass Jugendliche im Sportverein, z.B. während des Trainings, Raum dafür bekommen, gemeinsame Entscheidungen zu fällen und Prozesse mit zu gestalten. Das folgende Zitat zeigt, dass Trainer die Eigenaktivität der Heranwachsenden durchaus einfordern bzw. durch die Ankündigung von Sanktionen zur Eigenaktivität „anstacheln".

> *„Ich denke, häufig werden auch Dinge gemacht, wo die Kinder selber entscheiden können und selber organisieren müssen, wenn es auch beim Aufwärmen ist. Also, es heißt, sucht euch ein Spiel aus, macht ihr mal und dann müssen die selber machen und wenn sie es innerhalb einer bestimmten Zeit nicht hinkriegen, dann müssen sie halt laufen. Vielleicht in solchen Situationen lernen sie auch, miteinander zu kommunizieren, weil die jetzt einfach lernen, das muss jetzt klappen und wenn es jetzt nicht klappt, dann kriegen wir, in Anführungsstrichen, eine Strafe und dürfen nicht unseren Spaß haben. Ich könnte mir auch vorstellen, dass auch bei solchen Situationen gelernt wird"* (Christiane, 18 Jahre, Tischtennis).

Durch die Möglichkeit zur Mitbestimmung, die den Austausch in der Gruppe und das gemeinsame Treffen von Entscheidungen erfordert, verbessern die Jugendlichen ihre *Kommunikationsfähigkeit*.

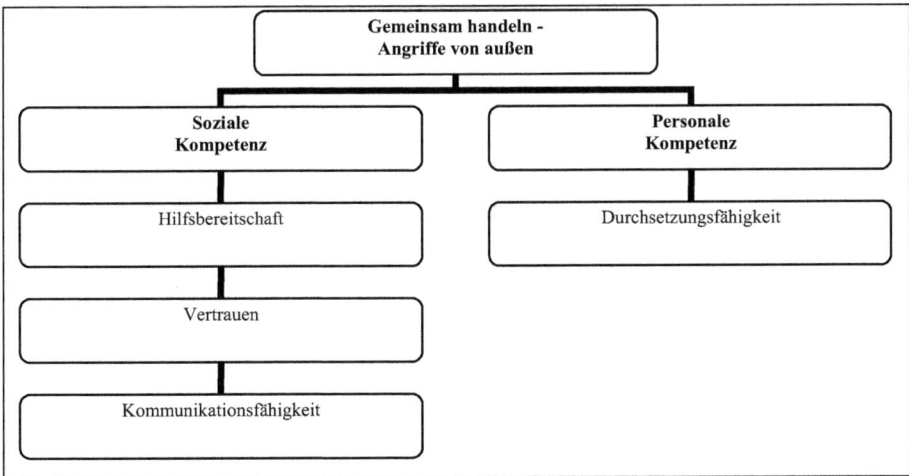

Abbildung 12:   Kompetenzen, die aus der Sicht von Jugendlichen bei Angriffen von außen erworben werden.

6.3.2 Gemeinsame Freizeitgestaltung

Im Sportverein haben Jugendliche die Möglichkeit, Gleichaltrige kennenzuler-
nen. Werden freundschaftliche Kontakte geknüpft, treiben die Heranwachsenden
nicht nur gemeinsam Sport, sondern verbringen ihre Freizeit auch außerhalb des
Sportvereins zusammen. In der Peergroup bieten sich vielfältige Chancen, voneinander und miteinander zu lernen (vgl. Abb. 13).

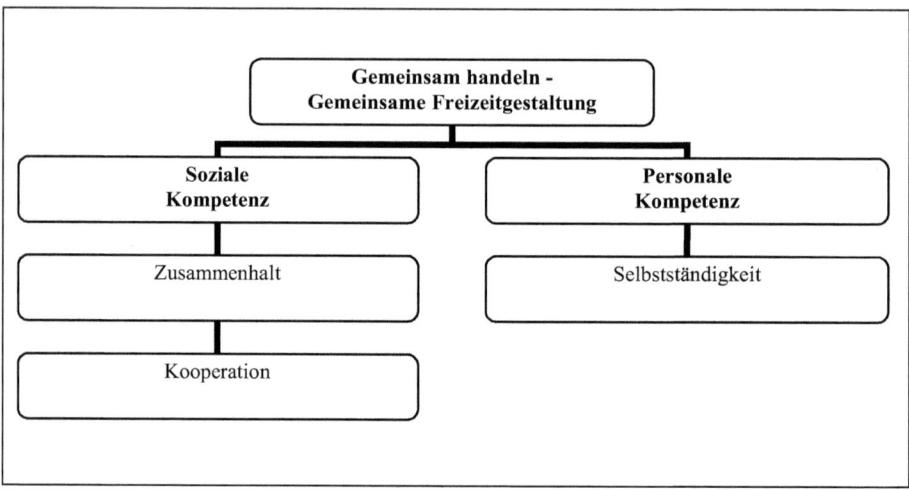

Abbildung 13: Kompetenzen, die aus der Sicht von Jugendlichen bei der
gemeinsamen Freizeitgestaltung erworben werden.

Die Jugendlichen verweisen darauf, dass gemeinsame Freizeitaktivitäten den
Zusammenhalt stärken. Zudem lernen die Heranwachsenden offenbar zu koope-
rieren und Dinge selbstständig in die Hand zu nehmen, wenn gemeinschaftliche
Aktivitäten durchgeführt werden:

> *„Ja, wir waren z. B. vor zwei Wochen, haben wir uns bei Alina getroffen, die hier
> auch am reiten ist und haben z. B. abends Crêpes gemacht und saßen welche in der
> Küche, waren da am erzählen, die nächsten Beiden sind am Crêpes machen, der*

Eine faltet zusammen, der Nächste schmiert die Schokolade rein usw. Und dann ist das einfach so, dass man dieses Zusammenkommen und zusammen arbeiten, z. B. beim Crêpes machen oder so was, das heißt dann gar nicht mehr, kannst du mir mal kurz helfen, man sieht einfach, dass das alleine ein bisschen doof ist, das alles zu machen und dann geht man kurz hin, tut die Schokolade drauf und dann war's das" (Kim, 15 Jahre, Reiten).

Das Zitat belegt anschaulich, dass die Jugendlichen wichtige soziale Kompetenzen wie das arbeitsteilige Kooperieren quasi nebenbei lernen.

6.4 Verantwortung übernehmen

Jugendliche haben im Sportverein die Gelegenheit, verschiedene Positionen (z.B. innerhalb einer Mannschaft) oder Ämter (z.B. im Jugendvorstand) zu übernehmen. Das heißt, sie können und müssen Verantwortung für andere übernehmen, etwas entscheiden, organisieren, planen und durchführen. Die befragten Heranwachsenden engagieren sich insbesondere als Übungsleiter bzw. Trainer oder im Jugendvorstand.

6.4.1 Übungsleitertätigkeit

Jugendliche, die als Übungsleiter bzw. Jugendtrainer aktiv sind, erwerben organisatorische Kompetenzen zur Planung und Durchführung von Trainingseinheiten *(Durchführungskompetenz)* (vgl. Abb. 14).

„Also ich selber bin auch Trainerin, und da muss man halt drauf achten (...), dass jeder sozusagen die Übungen erfüllen könnte und es aber für die Stärkeren nicht zu leicht wird. Nicht das die sich anfangen zu langweilen und irgendwann keine Lust mehr haben" (Sarah, 17 Jahre, Volleyball).

So verdeutlicht das Zitat, dass die jugendliche Übungsleiterin für das Thema Differenzierung sensibilisiert ist und den Anspruch hat, jedem Mannschaftsmitglied angemessene Herausforderungen zu stellen. Die folgenden Ausführungen zeigen, dass sich die Mädchen und Jungen durch die schrittweise Übernahme von Verantwortung nach und nach zutrauen, bestimmte Aufgaben eigenständig zu bewältigen.

„Man wächst da rein. Am Anfang habe ich nur mit ein paar Leuten gespielt, da habe ich noch gar nichts gemacht, dann fängt man an, das erste Mal das Aufwärmtraining zu machen, dann fängt man an das erste Mal vor einer Gruppe zu reden und

ihr was zu erklären, eine Übung oder so was und so steigert man sich da rein, aber das ist ein langwieriger Prozess. Und ich glaub so richtig lernen, kann man es ja nie, ne? Weil man kommt immer wieder in Situationen rein, die man noch nicht kennt. Gut dann muss man halt gucken, man hat ja auch unterschiedliche Charakte-re, der Eine reagiert so, der Andere so" (Jonas, 18 Jahre, Badminton).

Die Befragten betonen darüber hinaus, dass sie durch ihr Engagement als Übungsleiter nicht nur sachbezogene Kompetenzen (Organisatorische Kompe-tenz), sondern auch soziale Kompetenzen erwerben.

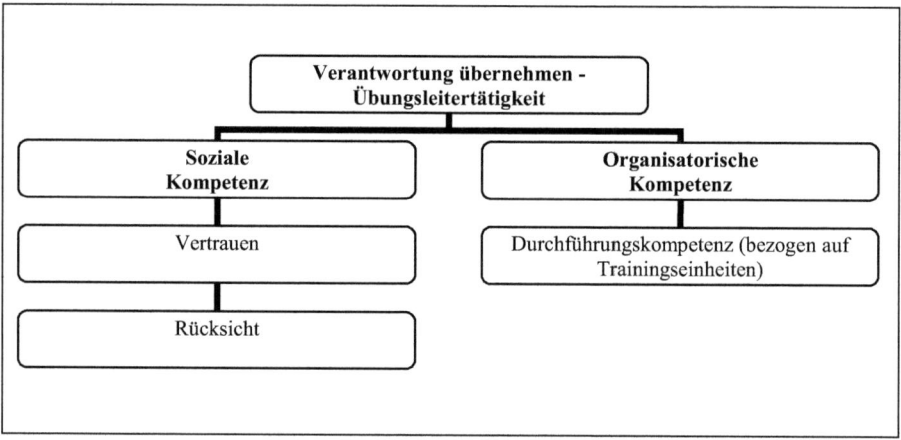

Abbildung 14: Kompetenzen, die aus der Sicht von Jugendlichen während einer Übungsleitertätigkeit erworben werden.

Hervorgehoben wird beispielsweise, dass es wichtig ist, als Übungsleiter das *Vertrauen* der Schützlinge zu gewinnen:

> *„Ich hab selber eine Gruppe und ein paar kleine Mädels und wenn die einem nicht vertrauen, dann geht gar nichts bei den Hilfestellungen. Wenn die nicht glauben, dass man einen hält, dann machen die auch nichts"* (Julia, 15 Jahre, Turnen).

Ohne Vertrauen, das u.a. auf der Fachkompetenz des Übungsleiters basiert, sei eine Zusammenarbeit gar nicht denkbar. Des Weiteren halten es die Heranwach-senden für notwendig, als Übungsleiter auf alle Gruppenmitglieder *Rücksicht* nehmen zu können und sensibel zu sein für die Bedürfnisse des Einzelnen (vgl. Sarah, 17 Jahre, Volleyball).

6.4.2 Vorstandsarbeit

Mit der Übernahme eines Amts im Jugendvorstand erklären sich Heranwachsende bereit, für die Interessen der Kinder und Jugendlichen im Sportverein einzutreten und für sie Verantwortung zu tragen. Dieses Engagement erfordert und
ermöglicht offenbar die Entwicklung von sozialen, personalen sowie organisatorischen Kompetenzen (vgl. Abb. 15).

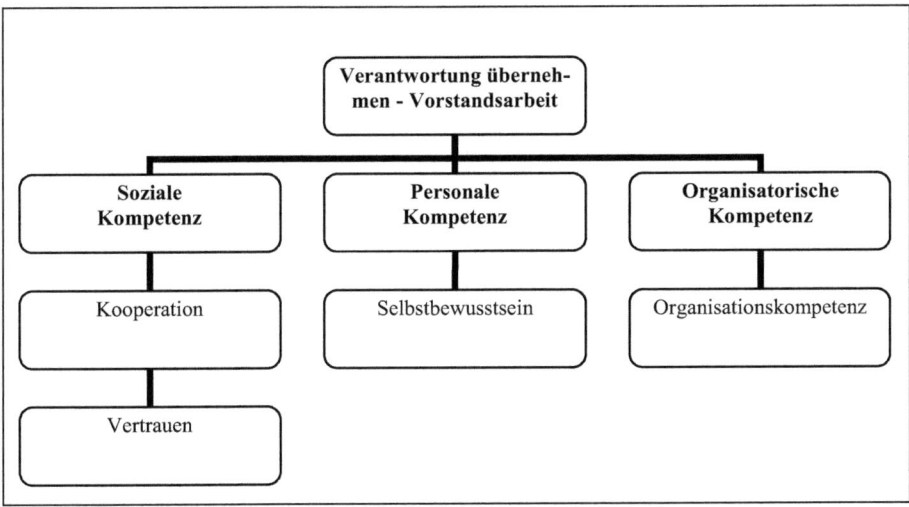

Abbildung 15: Kompetenzen, die aus der Sicht von Jugendlichen bei der
Vorstandsarbeit erworben werden.

Dem Jugendvorstand obliegt u.a. die Organisation von Vereinsaktivitäten im
Jugendbereich (z. B. die Ausrichtung eines Wettkampfes oder eines Ausfluges).
Bei der arbeitsteiligen Planung und Abwicklung von Veranstaltungen erwerben
Jugendliche einerseits die Fähigkeit und Bereitschaft zur *Kooperation*, anderer-
seits *Organisationskompetenz* (vgl. Kap. 6.1.3):

> *„Ja, zunächst wird sich getroffen und überlegt, was wird überhaupt gemacht. Dann,*
> *wie ist das möglich auch finanziell? Dann wird halt gebucht. Je nach dem, was man*
> *machen möchte, ob Center Parks, Busse gebucht und dann werden halt Zettel ver-*
> *teilt und zu einem möglichst geringen Preis versucht, das auf die Beine zu stellen"*
> *(Steffi, 17 Jahre, Volleyball).*

„Jeder ist für seine Sache verantwortlich. Es kann nicht jeder alles machen. Der Eine guckt dann, dass die Zettel gemacht werden, der Andere versucht, das Geld zusammen zu trommeln. Der Andere macht ein bisschen Werbung. Alles. Jeder muss seinen Teil machen, damit im Endeffekt alles zusammen kommt" (Steffi, 17 Jahre, Volleyball).

Die Interviewpartnerin verweist darauf, dass sie nach der Verteilung von Aufgaben darauf vertrauen müsse, dass jeder seinen Beitrag wie abgesprochen leistet.

„Da ist Vertrauen auch sehr wichtig. Weil man sich auch auf den Anderen verlassen muss, egal was man gerade macht. Ob man Termine abspricht, ob man irgendwas plant. Jeder muss seinen Teil machen. Man muss auch den Anderen vertrauen, damit man zum Ende kommt, damit man zum Ziel kommt. Wenn man einander da nicht vertraut, dann darf man keinen mit Geld losschicken, mit Zetteln losschicken. Dann klappt es hinten und vorne nicht" (Steffi, 17 Jahre, Volleyball, Turnen).

Da es keineswegs selbstverständlich ist, gut delegieren zu können, wird die Bedeutsamkeit von *Vertrauen* offensichtlich so betont. Die Übernahme eines Amts im Jugendvorstand bedingt zudem, dass sich die Gewählten unmittelbar für die Interessen und Bedürfnisse der jugendlichen Vereinsmitglieder einsetzen. Dabei werden sie mit Aufgaben konfrontiert, an denen sie persönlich wachsen können. So gilt es beispielsweise Kritik zu äußern, bei Konflikten zu vermitteln und Widerstände auszuhalten. Werden positive Ergebnisse erzielt, kann das das *Selbstbewusstsein* der Akteure stärken.

„Ja, wenn die Kinder sich beschweren über irgendwelche Voltigierlehrer oder über irgendwas, über die Pferde, dass die zuviel Mist machen oder so, dann müssen wir es halt klären. Wir müssen fragen, gucken, ob die ein anderes Pferd kriegen, ob die vielleicht eine andere Voltgierlehrerin [bekommen] oder das mit der Voltigierlehrerin besprechen. Und das bleibt halt alles auf uns sitzen. Oder wir müssen halt jetzt zum Vorstand gehen und uns da beschweren" (Lea, 13 Jahre, Reiten).

6.5 Mit dem Trainer interagieren

Die jugendlichen Vereinsmitglieder schreiben ihren Trainerinnen und Trainern verschiedene Rollen und Funktionen zu. Sie sind weit mehr als die Anleiter von sportlicher Aktivität. Der Trainer wird bezeichnet als

- Fachmann, d.h. Dirigent des sportlichen Geschehens in Training und Wettkampf,
- Autoritätsperson an der Spitze einer Hierarchie,

- Vorbild und Identifikationsfigur,
- Teambilder, d.h. als Vermittler von sozialen Verhaltensmaßstäben,
- Anreger, der Freiräume für Eigenaktivität bereitstellt,
- Berater, d.h. wichtige Bezugsperson bei Konflikten oder Problemen,
- Organisator, die Schaltstelle für die Jugendarbeit bzw. die Schnittstelle zwischen Jugendlichen und Erwachsenen im Verein.

In der Interaktion mit den Jugendlichen kann der Trainer die Kompetenzentwicklung der Jugendlichen maßgeblich fördern (vgl. Abb. 16). Dies geschieht häufig sicherlich auch unbewusst, also informell bzw. inzidentell. Die Art und Weise, wie die Trainer mit ihnen anvertrauten Gruppen und den einzelnen Individuen umgehen, ist entscheidend für die Entwicklung der *Teamfähigkeit*.

> *„Also, erst mal sollte die Mannschaft keinen ausschließen, aber wenn das eben vorkommt, dann weist der Trainer meistens darauf hin oder sagt, wollt ihr nicht mal wieder alle was zusammen machen. Also, wir machen auch öfters so einen Mannschaftsabend, wo halt alle eingeladen werden, damit man sich privat auch gut kennen lernt und so ist das"* (Sarah, 17 Jahre, Volleyball).

Das Verhalten des Trainers ist offenbar so wichtig, weil er – obwohl Autoritätsperson – als Teil der Mannschaft bzw. Gruppe wahrgenommen wird:

> *„Er [der Trainer] gehört halt auch einfach zum Team mit dazu. Er steht so ein bisschen höher als wir alle anderen"* (Daniela, 15 Jahre, Schwimmen).

Versteht sich ein Trainer selbst als Ansprechpartner, der ein offenes Ohr für die Mädchen und Jungen hat und ihnen mit Rat und Tat zur Seite steht, lebt er den Jugendlichen *Hilfsbereitschaft* vor. So merkt eine Interviewpartnerin an, dass „man zu den Trainern immer selbst kommen kann" (Daniela, 15 Jahre, Schwimmen). Anzunehmen ist, dass sich die Heranwachsenden an dem positiven Vorbild des Trainers orientieren und sich untereinander ebenfalls hilfsbereit verhalten.

Explizit wird von den Jugendlichen betont, dass ein verstärktes Engagement des Trainers – beispielsweise bei der Lösung von Konflikten – den *Zusammenhalt* innerhalb der Gruppe stärkt.

> *„Ja, wenn so was war, dann ist er natürlich auch dabei und bringt sich dann auch ein und versucht auch zu vermitteln, so dass die Personen nicht so ganz alleine sind und vielleicht selber nicht so wissen, wie sie das lösen können. Also er hilft da eigentlich, diese Konflikte zu lösen. Ich denke, damit auch der Zusammenhalt in der Mannschaft gut ist oder besser wird"* (Isa, 20 Jahre, Volleyball).

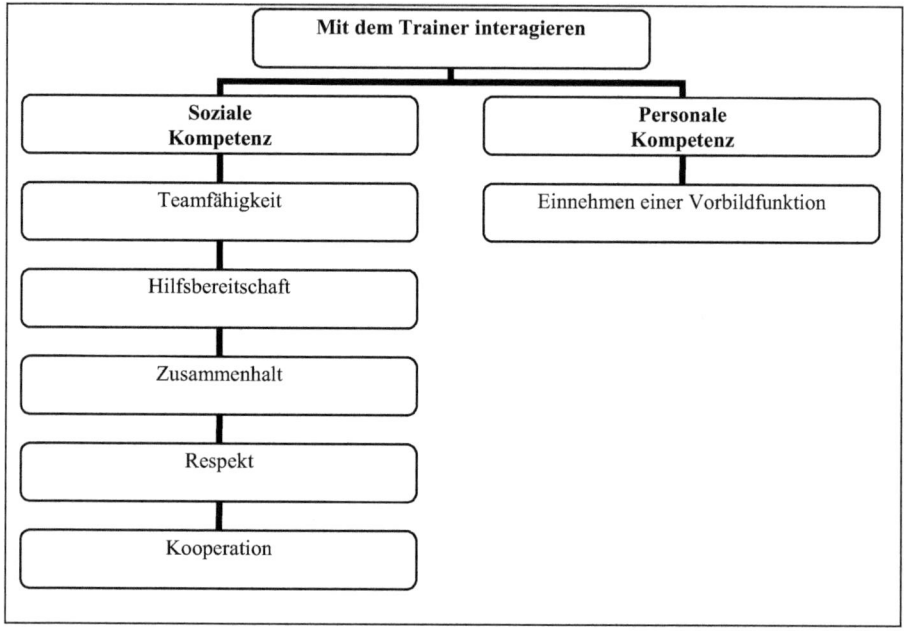

Abbildung 16: Kompetenzen, die aus der Sicht von Jugendlichen bei der
                 Interaktion mit dem Trainer erworben werden.

Erfahren die Heranwachsenden, dass sie von ihrem Trainer tatsächlich unterstützt werden und mit ihm produktiv zusammenarbeiten können, achten sie die
Person und sind bereit, ihr *Respekt* entgegenzubringen:

> *„Wenn ich mit dem jetzt nicht klar kommen würde, wenn ich nicht mit ihm zusam-
> men arbeiten könnte, dann würde ich auch keinen Respekt zeigen, weil zum Beispiel
> jetzt bei diesem Trainer, mit dem kann ich sehr gut zusammen arbeiten, der hilft mir
> auch immer, wenn ich Probleme habe. Wenn ich Probleme hätte und zu einem gehen
> würde, wenn der mir nicht helfen würde, dann würde ich vor dem, ehrlich gesagt,
> keinen Respekt haben" (Zadu, 15 Jahre, Tischtennis).*

Die Art und Weise, wie Trainer den Übungsbetrieb gestalten, scheint auch bedeutsam dafür zu sein, dass sich die Jugendlichen untereinander *respektieren* und
miteinander *kooperieren.*

> *„Dann natürlich die Situation im Spiel selber, da muss man sich seine Partner
> erstmal selber suchen, aber dann wird auch vom Trainer drauf geachtet, dass mal*

gewechselt wird, dass die Kinder sich untereinander kennen lernen und dann entwickelt sich das eigentlich von ganz alleine, dass man respektiert, dass die, die andere Schwächen haben, nicht so gut sind und dass man voneinander lernen kann" (Christiane, 18 Jahre, Tischtennis).

„Ja, dass er auch immer beim Einspielen und bei bestimmten Übungen macht er auch die Konstellation in einer bestimmten Weise. Dass er die Schwächeren mit den Besseren zusammen stellt, so dass dann der, der es schon besser kann, der schon viele Jahre spielt, den auch viel sauberer anspielen kann, dass er dann halt die Grundtechniken gut üben kann" (Steffi, 17 Jahre, Volleyball, Turnen).

Durch sein Handeln sowie das Aufstellen von klaren Regeln gibt der Trainer seiner Trainingsgruppe Verhaltensmaßstäbe vor.

„Ja, eigentlich haben die auch Respekt vor uns. Ja, aber wenn die mal die Lippe riskieren, dann sagt der Trainer aber auch was. Ja, aber wenn hier jeder durch die Halle rumbrüllt oder so, dann sagt der Trainer auch was" (Zadu, 15 Jahre, Tischtennis).

Für eine Einhaltung der aufgestellten Regeln sorgen manche Trainer offenbar mit recht drastischen Sanktionen.

„Wenn man ganz am Anfang in eine neue Mannschaft reinkommt, der Trainer, wenn man vor dem Trainer kein Respekt hat, dann meckert der direkt, der Trainer ist eine Autoritätsperson, wenn ihm irgendwas nicht passt, dann schmeißt der dich raus, oder macht dich in Anführungsstrichen vor der Mannschaft runter, kritisiert deine Leistung, was einem natürlich nicht gefällt, vor solchen Leuten muss man Respekt haben (....) vor allen Dingen, wenn man früh Fußball spielt, lernt man das direkt" (Elvedin, 16 Jahre, Fußball).

Dass Trainer für die Jugendlichen Identifikationsfiguren sind, deren Verhaltensmaxime wahrgenommen und nachgeahmt werden, zeigen die folgenden Zitate:

„Also ich denke mal, dass der Trainer da natürlich eine wichtige Rolle spielt. Der macht uns das ja eigentlich vor. Der zeigt uns ja eigentlich, wie man sich am besten verhält. Weil sonst wäre er ja kein Trainer. Er ist ja auch ein guter Trainer. Und ich denk mal, man guckt sich da ein Stück weit was von ab. Man merkt halt, dass er sich so verhält. Und der ist ja auch ein Vorbild für einen. Und deswegen möchte man selber auch so handeln" (Isa, 20 Jahre, Volleyball).

„Ich denke, der Trainer sollte eine Vorbildfunktion sein und wenn der Trainer für die Kinder sympathisch, als netter Mensch einfach, rüber kommt und die Kinder fair behandelt, dann wollen die Kinder das nachmachen, die Vorbildfunktion halt und

wenn die dann einfach merken, das, was er sagt, ist schon in Ordnung, ich glaub, dann lernen die das automatisch. Dass die das dann annehmen und übernehmen" (Christiane, 18 Jahre, Tischtennis).

„Ich hab schon Einfluss auf die, nicht vergleichbar mit Eltern, weil das nicht so intensiv ist. Aber schon, dass ich einen gewissen Einfluss auf die habe und dass, wenn ich mich gut verhalte und eine nette Art und Weise an den Tag [lege], sogar ein Vorbild sein kann" (Jonas, 18 Jahre, Badminton; selbst Übungsleiter).

Das letzte Zitat von Jonas, einem jugendlichen Übungsleiter, verdeutlicht, dass sich Heranwachsende in einer Leitungsposition ihrer Vorbildfunktion bewusst sind und an sich den Anspruch haben, sich „gut" zu verhalten (*Einnehmen einer Vorbildfunktion*).

Abschließend sei darauf verwiesen, dass die Identifikation mit dem Trainer bei Sportlerinnen und Sportlern so weit gehen kann, dass sie für den Trainer „kämpfen", ihn „zufrieden stellen wollen" bzw. versuchen, die von ihm gesetzten Ziele zu erreichen:

„Man will es dem Trainer auch irgendwie recht machen. Man kämpft auch für den Trainer, man gibt sich auch für den Trainer Mühe. Also, so ist das bei mir jetzt, dass ich die Ziele verfolge, weil ich einmal auch den Trainer zufrieden stellen will und ich auch will, dass er mit seiner Mannschaft zufrieden ist" (Debbie, 18 Jahre, Volleyball).

„Wenn man einen Trainer hat, dann weiß jeder, das hört sich jetzt blöd an, er arbeitet für den Trainer. Eigentlich arbeitet er ja für die Mannschaft, weil der Trainer gehört ja auch zur Mannschaft, aber der Trainer hält das alles zusammen und wenn wir keinen Trainer haben, dann geht eigentlich ganz oft alles durcheinander, weil keiner entscheiden kann, wer ausgewechselt wird, weil keiner entscheidet, wer nicht gut war und der Trainer als Außenstehender, der das ja auch von außen sieht, der achtet halt drauf oder für den setzt man die Ziele um, die er gesetzt hat" (Debbie, 18 Jahre, Volleyball).

In Maßen ist dies sicherlich als „normal" und unbedenklich einzustufen. Wünschenswert und wichtig ist jedoch, dass Athletinnen und Athleten nicht in ein emotionales Abhängigkeitsverhältnis geraten. Sie sollten zum einen in der Lage sein, die Vorgaben von Trainern kritisch zu hinterfragen, um ihnen selbstbestimmt zuzustimmen oder sie ggf. abzulehnen. Zum anderen sollten sie lernen, sich persönliche Ziele zu setzten und diese zu verfolgen.

6.6 Zusammenfassung

Aus den Interviews lassen sich fünf zentrale Situationstypen ableiten, die für das Setting Sportverein charakteristisch sind (vgl. Abb. 17). Die *Situationstypen* beschreiben Bedingungskonstellationen bzw. Aufgaben, die Jugendliche im Sportverein vorfinden. Offenbar bergen sie ein enormes Potenzial für den Kompetenzerwerb von personbezogenen wie sachbezogenen Kompetenzen. Dafür sprechen die anschaulichen Schilderungen und Beispiele der befragten Heranwachsenden aus ihrer persönlichen Vereinspraxis. „Erfolg anstreben" scheint eine zentrale Bedingung für das Erlernen von Kompetenzen im Sportverein zu sein. Dennoch existieren weitere Bedingungs- und Aufgabenkonstellationen, in denen das Anstreben von Erfolg keine bzw. nur eine untergeordnete Rolle für den Kompetenzerwerb spielt.

Den unterschiedlichen Situationstypen ist gemeinsam, dass sie im Sportvereinsalltag „auftreten", d.h. meist nicht explizit vom Trainer geplant sind und von den Jugendlichen in vielen Fällen weitgehend selbständig, d. h. ohne direkte Anleitung bewältigt werden. So werden vielfältige Erfahrungen gemacht und schrittweise Kompetenzen entwickelt. Dies ist ein Hinweis dafür, dass der Sportverein einen sozialen Handlungsrahmen bietet, der zahlreiche Gelegenheiten für informelles Lernen eröffnet – und von den Heranwachsenden offenbar auch entsprechend genutzt wird.

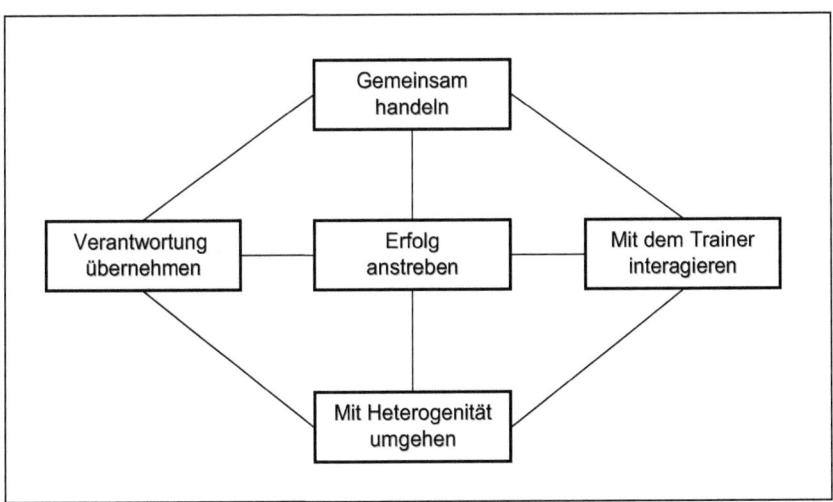

Abbildung 17: Überblick über die fünf Situationstypen.

7 Diskussion und Handlungsempfehlungen

7.1 Zusammenfassende Diskussion

Mit Bezug auf die grundlegende Forschungsfrage der Untersuchung kann zunächst festgehalten werden, dass *Bildungsprozesse im Sinne des informellen Lernens* bei Jugendlichen im Sportverein ganz offensichtlich stattfinden. Sowohl im Rahmen der Gruppendiskussionen, als auch in den vertiefenden Interviews nennen die Heranwachsenden eine Vielzahl an Kompetenzen, die aus ihrer Sicht im Sportverein erworben werden können, ohne dass sie dazu unmittelbar von Erwachsenen angeleitet werden (Fragestellung 1). Im Zentrum der Aussagen stehen *personbezogene Kompetenzen* und hier vor allem *soziale Kompetenzen*, wie Teamfähigkeit, Rücksichtnahme, Umgang mit Mitmenschen, Respekt, Übernahmahme von Verantwortung, Vertrauen oder Disziplin (vgl. Tab. 5). Daneben werden zahlreiche personale Kompetenzen, wie Selbstständigkeit, Kampfgeist oder Kreativität angesprochen. Der Bereich der *sachbezogenen Kompetenzen* wird vergleichsweise selten genannt. Hier dominieren ,naturgemäß' sportbezogene Kompetenzen, wie das Erlernen von Bewegungen. Genannt werden aber auch *kognitive Kompetenzen* und *organisatorische Kompetenzen*.

Auf den ersten Blick mag der Schwerpunkt im Bereich der sozialen Kompetenzen überraschen, vor dem Hintergrund der Frage nach *informellen Lerngelegenheiten* lässt sich das jedoch erklären. Dass man im Sportverein – insbesondere durch die Vermittlung von Trainerinnen und Trainern – sportliche Fähigkeiten und Fertigkeiten entwickelt, ist für die Jugendlichen selbstverständlich. In informeller Hinsicht werden dagegen vor allem diejenigen Kompetenzbereiche angesprochen, die erwachsene Vereinsmitarbeiter oft nicht vordergründig fördern. Dass hier wiederum besonders die sozialen Kompetenzen im Vordergrund stehen, deckt sich mit zahlreichen Studien, wonach der Sportverein von Mädchen und Jungen als *Knotenpunkt im Netzwerk sozialer Beziehungen* beschrieben wird (z.B. Brettschneider & Kleine, 2002; Neuber, 2007; Sygusch, 2007). Die Betonung sozialer Kompetenzen lässt sich insofern durch die besonderen sozialen Lerngelegenheiten erklären, die der Sportverein den Jugendlichen bietet.

Die Frage nach den *konkreten Handlungssituationen*, in denen diese Kompetenzen aktualisiert werden, ergab fünf *Situationstypen*: „Erfolg anstreben", „Mit Heterogenität umgehen", „Gemeinsam handeln", „Verantwortung übernehmen" und „Mit dem Trainer interagieren" (Fragestellung 2). Diese Handlungssituationen können auf der Grundlage des empirischen Materials komplex ausdifferenziert werden (vgl. Kap. 6). Gemeinsam ist den Situationen, dass sie nicht explizit von Trainern geplant oder angeleitet werden, sondern dass sie im *Sportvereinsalltag* ‚auftreten' und von den Jugendlichen weitgehend selbstständig bewältigt werden. Der Sportverein bietet also tatsächlich einen sozialen Handlungsrahmen, der zahlreiche *Gelegenheiten für informelles Lernen* in der Gleichaltrigengruppe bereithält und der von den Heranwachsenden auch entsprechend genutzt wird. Die Frage nach dem Wie des Kompetenzerwerbs kann in Anlehnung an die Studie von Düx et al. (2008, S. 267) als *‚Learning by doing'* charakterisiert werden: „Handeln, Ausprobieren und Sammeln von eigenen Erfahrungen in der Praxis". Im Gegensatz zur Schule handelt es sich also ausdrücklich um ein ‚Lernen unter Ernstbedingungen' (vgl. Kap. 2.1.3). Dieses Lernen ist signifikant, weil das Feld für die Heranwachsenden bedeutsam ist.

Bewegung, Spiel und Sport gehören zu den häufigsten und beliebtesten Freizeitbeschäftigungen von Jugendlichen. In diesem Sinne können die besonderen Bedingungen des *Settings Sportverein* durch Begriffe, wie Freiwilligkeit, Partizipation und Identifikation, beschrieben werden (vgl. Kap. 2.2). Inwieweit darüber hinaus die *Logik des Leistungssports* prägend ist, kann auf der Grundlage der vorliegenden Studie nicht abschließend beantwortet werden. Auffällig ist, dass die Kategorie *Erfolg anstreben* von den Jugendlichen häufig thematisiert wird – in sportlichen Handlungssituationen ebenso, wie in außersportlichen Feldern, z.B. bei der Organisation einer Party. Zudem werden andere Situationstypen, wie „Mit Heterogenität umgehen" oder „Gemeinsam handeln", häufig durch die Kategorie „Erfolg anstreben" moderiert. Man hilft einer Mannschaftskollegin, um zu gewinnen, man handelt gemeinsam, um sportlich Erfolg zu haben. Die *Ausrichtung am Erfolg* ist also sportimmanent, was durchaus auch zu sozial unerwünschten Lerneffekten, z.B. dem Sich-Durchsetzen auf Kosten des Gegners, führen kann. Aufgrund der Auswahl der Good-Practice-Vereine sowie der positiven Fragerichtung kommen entsprechende Aussagen in den Interviews der Jugendlichen jedoch praktisch nicht vor. Zudem ist zu berücksichtigen, dass die Jugendlichen auch Perspektiven benennen, die unabhängig von der Orientierung am Erfolg sind, z.B. das Eintreten für Jüngere im Bereich „Verantwortung übernehmen".

Die Untersuchungsergebnisse sind insofern mit Vorsicht zu interpretieren, als sie weitgehend auf *Selbstauskünften von Jugendlichen* beruhen. Erfasst wurden subjektive Einschätzungen; Antworten im Sinne sozialer Erwünschtheit lassen sich daher nicht vollständig ausschließen. Zudem wurden keine *Wirkungen des Sportvereinsengagements* im engeren Sinne erfasst – die Qualität der Jugendarbeit ist weitaus komplexer als die Selbstwahrnehmung der beteiligten Jugendlichen. So können auch Selektionseffekte nicht ausgeschlossen werden, wonach nur Heranwachsende mit besonderen Kompetenzen Mitglied eines Sportvereins werden. Andererseits kann 13- bis 19-jährigen Mädchen und Jungen durchaus ein gewisses Reflexionsniveau zugetraut werden, das als Indikator für Lernprozesse dienen kann, zumal diese ohnehin hochgradig subjektiv sind. Außerdem arbeiten auch andere *Studien zum informellen Lernen* in der Regel mit Selbstauskünften von Jugendlichen (vgl. Düx et al., 2008, S. 262). Die vorliegende Untersuchung ist also in jedem Fall anschlussfähig an die allgemeine außerschulische Jugendforschung.

Zusammenfassend kann festgehalten werden, dass *informelle Lernprozesse im Sportverein* eine zentrale Rolle im Jugendalter spielen. Sie sollten neben intentionalen Erziehungsprozessen in Theorie und Praxis der sportlichen Jugendarbeit stärker beachtet werden. Zudem finden informelle Lernprozesse in sportbezogenen Feldern ebenso wie in anderen *Settings der Jugendarbeit* statt. Eine stärkere Zusammenarbeit von allgemeiner und sportwissenschaftlicher Jugendforschung liegt daher auf der Hand. Schließlich kann festgehalten werden, dass informelle Lernprozesse im Sport nicht nur in Feldern des häufig untersuchten bürgerschaftlichen Engagements stattfinden, sondern auch in ganz *normalen Sportsituationen* im Verein. Allerdings ist informelles Lernen nicht immer nur prosozial und pädagogisch wertvoll – der „heimliche Lehrplan" des Sportvereins orientiert sich oft am sportlichen Erfolg und beinhaltet z.B. auch eine gewisse Härte gegen sich selbst und andere.

7.2 Handlungsempfehlungen

Handlungsempfehlungen können und sollen nicht allein aus empirischen Befunden abgeleitet werden. Gleichwohl können empirische Befunde interessante Hinweise für die Gestaltung der Praxis liefern (vgl. Düx et al., 2008, S. S. 275-286). Konkrete Hinweise zur *Förderung des informellen Lernens* finden sich unter anderem bei Marsick, Volpe und Watkins (1999) – allerdings fehlt hier der Sportvereinsbezug. Aus den Ergebnissen der vorliegenden Untersuchung (Kap. 5-6) können unter Einbezug der theoretischen Vorüberlegungen (Kap. 2) bei aller Vorsicht folgende *Handlungsempfehlungen* abgeleitet werden:

1. *Aufmerksamkeit auf informelle Lernprozesse lenken*: In der Vereins-
    praxis sollten informelle Bildungsgelegenheiten stärker als bisher be-
    achtet und wertgeschätzt werden. Dazu gehört neben einer gewissen
    Sensibilität für informelle Lerngelegenheiten auch die Prüfung des
    Vereinsumfelds auf informelle Bildungschancen.

2. *Zeit und Raum für informelle Lernprozesse lassen*: Informelle Lern-
    prozesse können kaum geplant werden. Im Rahmen bestehender Ver-
    einsangebote können aber Freiräume für die selbstbestimmte Ausei-
    nandersetzung von Jugendlichen gegeben werden, z.B. vor dem Trai-
    ning oder auf Wettkampffahrten.

3. *Zeit und Raum für informelle Lernprozesse schaffen*: Neben angeleite-
    ten Angeboten sollten ganz bewusst auch ‚Nischen' für Jugendlichen
    eingerichtet werden, in denen Heranwachsende ohne die Kontrolle Er-
    wachsener unter sich sein können – sei es als Zeitfenster im Rahmen
    eines Trainingslagers, sei es als Jugendraum im Vereinsheim.

4. *Reflexionsfähigkeit entwickeln*: Informelle Lernprozesse geschehen oft
    unbemerkt sozusagen ‚nebenbei'. Vereinsmitarbeiterinnen und -mitar-
    beiter müssen ebenso wie Jugendliche lernen, diese ‚stillen' Lernpro-
    zesse wahrzunehmen. Dafür sind regelmäßige Reflexionsphasen, z.B.
    auch mit Blick auf Verbesserungen im Training, sinnvoll.

5. *Vertrauensvolles Klima schaffen*: Informelles Lernen bedarf einer ver-
    trauensvollen Atmosphäre, nicht nur innerhalb der Übungsgruppen,
    sondern auch zwischen den Generationen. Gegenseitiger Respekt ge-
    hört dazu ebenso, wie das Akzeptieren unterschiedlicher (Bewegungs-)
    Wünsche und Bedürfnisse in einem Verein.

6. *Trainerinnen und Trainer als Lernbegleiter*: Die Rolle der Übungslei-
    ter und Trainer sollte nicht nur auf die Vermittlung von Sportarten be-
    schränkt sein, sondern auch die Entwicklung der Heranwachsenden be-
    rücksichtigen. Neben der Funktion als ‚aktives' Vorbild, z.B. bei der
    Wertevermittlung, umfasst das auch die sensible Begleitung informel-
    ler Lernprozesse.

7. *Strukturelle Rahmenbedingungen schaffen*: Partizipation bedarf for-
    meller und informeller Unterstützung. Neben der Schaffung von Mit-
    bestimmungsstrukturen im Verein, z.B. durch einen Jugendvorstand,
    sollte daher auch eine informelle Förderung stattfinden, z.B. durch per-
    sönliche Mentoren oder die Pflege eines Netzwerks von jugendlichen
    und erwachsenen Vereinsmitgliedern.

8. *Qualifizierung von Vereinsmitarbeiterinnen und -mitarbeitern*: Die
    Unterstützung informellen Lernens erfordert andere Kompetenzen als
    das Vermitteln sportlicher Fähigkeiten und Fertigkeiten. Der Aus- und

Weiterbildung von Vereinsmitarbeitern im Jugendbereich sollte darum besondere Bedeutung beigemessen werden.

Über diese vereins- und verbandsbezogenen Empfehlungen hinaus lassen sich aus der vorliegenden Untersuchung auch Perspektiven für die wissenschaftliche Bearbeitung des informellen Lernens im Sport ableiten:

9. *Quantifizierung informeller Lernprozesse im Sport*: Die vorliegende Studie erfasst subjektive Einschätzungen von Jugendlichen zum informellen Lernen im Sportverein auf der Grundlage qualitativer Forschungsmethoden. Durch quantitative Studien könnten diese Befunde auf breiterer Basis überprüft und differenziert werden.

10. *Schwerpunktsetzung im Bereich sozialer Kompetenzen*: Die vorliegende Studie hat einen deutlichen Schwerpunkt im Bereich des sozialen Kompetenzerwerbs ergeben. Hier könnten vertiefende Studien ansetzen, die über die Selbstauskünfte von Jugendlichen hinaus soziale Kompetenzen auch objektiv – z.B. über standardisierte Beobachtungsverfahren – erfassen.

11. *Evaluationsforschung im Rahmen konkreter Projekte*: Eine Interventionsforschung im klassischen Versuchs-/Kontrollgruppendesign ist für informelle Lernprozesse wenig geeignet. Gleichwohl könnten informelle Lernprozesse im Rahmen konkreter Maßnahmen, z.B. Austauschprogramme, im Sinne der Evaluationsforschung begleitet werden.

12. *Ausweitung des Untersuchungsrahmens*: Informelle Lernprozesse finden nicht nur im Sportverein, sondern auch im selbstorganisierten Sport und in der Schule statt. Nicht zuletzt die Ganztagsschule bietet gute Gelegenheiten verschiedene Lernmodalitäten unter unterschiedlichen strukturellen Rahmenbedingungen zu erfassen und zu vergleichen.

Literatur

Baacke, D. (1980). Der sozialökologische Ansatz zur Beschreibung und Erklärung des Verhaltens Jugendlicher. *Deutsche Jugend, 28* (11), 493-505.

Baur, J. & Braun, S. (2000). Über das Pädagogische einer Jugendarbeit im Sport. *Deutsche Jugend, 48* (9), 378-386.

Becker, G. (2005). Zwischen Weihrauch und Weitsprung – Von Engagement und sinnvollem Tun. In Friedrich Verlag (Hrsg.), *Auf der Suche nach Sinn – Woran Kinder und Jugendliche heute glauben* (Schülerjahresheft 2005, S. 54-57). Seelze: Friedrich.

Bertelsmann Stiftung (Hrsg.). (2007). *Vorbilder bilden – Gesellschaftliches Engagement als Bildungsziel.* Gütersloh: Bertelsmann Stiftung.

Boer, H. de (2008). Bildung sozialer, emotionaler und kommunikativer Kompetenzen: ein komplexer Prozess. In C. Rohfs, M. Harring & Ch. Palentien (Hrsg.), *Kompetenz-Bildung – soziale, emotionale und kommunikative Kompetenzen von Kindern und Jugendlichen* (S. 19-33). Wiesbaden: VS.

Böhnisch, L. & Münchmeier, R. (1993). *Pädagogik des Jugendraums – Zur Begründung und Praxis einer sozialräumlichen Jugendpädagogik* (2. Aufl.). Weinheim, München: Juventa.

Brandl-Bredenbeck, H. P. (2010). Bewegung, Bildung und Identitätsentwicklung im Kindes- und Jugendalter. In N. Neuber (Hrsg.), *Informelles Lernen im Sport – Beiträge zur allgemeinen Bildungsdebatte* (S. 117-132). Wiesbaden: VS.

Brettschneider, W.-D. (2003). Zukunftsfähige Jugendarbeit im Sportverein – Chancen und Grenzen. In N. Neuber (Red.), *Jugendarbeit im Sport – Ein Handbuch für die Vereinspraxis* (S. 27-40). Duisburg: Sportjugend NRW.

Brettschneider, W.-D. (2006). Sportliche Aktivität und jugendliche Selbstkonzeptentwicklung. In W. Schmidt, I. Hartmann-Tews & W.-D. Brettschneider (Hrsg.), *Erster Deutscher Kinder- und Jugendsportbericht* (2. Aufl., S. 211-234). Schorndorf: Hofmann.

Brettschneider, W.-D. & Kleine, T. (2002). *Jugendarbeit im Sportverein – Anspruch und Wirklichkeit.* Schorndorf: Hofmann.

Bundesjugendkuratorium (Hrsg.). (2002). *Bildung ist mehr als Schule – Leipziger Thesen zur aktuellen bildungspolitischen Debatte.* Zugriff erfolgte am 18.9.2002 unter http://www. bmfsfj.de/ dokumente/Artikel/ix_88329.htm

Bundesministerium für Bildung und Forschung. (BMBF). (Hrsg.). (2004). *Non-formale und informelle Bildung im Kindes- und Jugendalter – Konzeptionelle Grundlagen für einen Nationalen Bildungsbericht.* Bonn, Berlin: BMBF.

Bundesministerium für Familie, Senioren, Frauen und Jugend. (BMFSFJ). (Hrsg.). (2005). *Zwölfter Kinder- und Jugendbericht.* Berlin: BMFSFJ.

Deinet, U. (1993). Raumaneignung in der sozialwissenschaftlichen Theorie. In L. Böhnisch & R. Münchmeier, *Pädagogik des Jugendraums – Zur Begründung und Praxis einer sozialräumlichen Jugendpädagogik* (2. Aufl., S. 57-66). Weinheim, München: Juventa.

Deinet, U. (2002). Der qualitative Blick auf Sozialräume als Lebenswelten. In U. Deinet & R. Krisch (Hrsg.), *Der sozialräumliche Blick der Jugendarbeit – Methoden und Bausteine zur Konzeptentwicklung und Qualifizierung* (S. 31-44). Opladen: Leske + Budrich.

Deinet, U. (2006). *Neue Perspektiven in der Sozialraumorientierung.* Berlin: Frank und Timme.

Dewey, J. (1997). *Democracy and Education.* New York: Macmillan.

Dohmen, G. (2001). *Das informelle Lernen – Die internationale Erschließung einer bisher vernachlässigten Grundform menschlichen Lernens für das lebenslange Lernen aller.* Bonn: Bundesministerium für Bildung und Forschung. Zugriff am 14. März 2007 unter www.bmbf.de/pub/ das_informelle_lernen.pdf

Düx, W. (2006). „Aber so richtig für das Leben lernt man eher bei der freiwilligen Arbeit". Zum Kompetenzgewinn Jugendlicher im freiwilligen Engagement. In T. Rauschenbach, W. Düx & E. Sass (Hrsg.), *Informelles Lernen im Jugendalter – Vernachlässigte Dimension der Bildungsdebatte* (S. 205-240). Weinheim, München: Juventa.

Düx, W., Prein, G., Sass, E. & Tully, C.J. (2008). *Kompetenzerwerb im freiwilligen Engagement – Eine empirische Studie zum informellen Lernen im Jugendalter.* Wiesbaden: VS Verlag.

Erpenbeck, R. & Rosenstiel, L. (2003). Handbuch Kompetenzmessung – Erkennen, verstehen und bewerten von Kompetenzen in der betrieblichen, pädagogischen und psychologischen Praxis. Stuttgart: Schäffer-Poeschel.

Faure, E. (1973). *Wie wir leben lernen – Der UNESCO-Bericht über Ziele und Zukunft unserer Erziehungsprogramme (Grundlagen eines Weltbildungsplanes).* Reinbek: Rowohlt.

Flick, U., Kardorff, E. v., Keupp, H. & Rosenstiel, L. v. (Hrsg.). (1995). *Handbuch Qualitative Sozialforschung – Grundlagen, Konzepte, Methoden und Anwendung* (2. Aufl.). Weinheim: Beltz.

Frei, P., Lüsebrink, I., Rottländer, D. & Thiele, J. (2000). *Belastungen und Risiken im weiblichen Kunstturnen – Teil 2: Innensichten, pädagogische Deutungen und Konsequenzen.* Schorndorf: Hofmann.

Gogoll, A., Kurz, D. & Menze-Sonneck, A. (2003). Sportengagements Jugendlicher in Westdeutschland. In W. Schmidt, I. Hartmann-Tews & W.-D. Brettschneider (Hrsg.), *Erster Deutscher Kinder- und Jugendsportbericht* (S. 145-165). Schorndorf: Hofmann.

Gruber, H., Mandl, H., Renkl, A. (2000): Was lernen wir in Schule und Hochschule: Träges Wissen? In H. Mandl & J. Gerstenmaier (Hrsg.), *Die Kluft zwischen Wissen und Handeln: Empirische und theoretische Lösungsansätze* (S. 139-156). Göttingen: Hogrefe.

Grunert, C. (2006). Bildung und Lernen – ein Thema der Kindheits- und Jugendforschung? In T. Rauschenbach, W. Düx & E. Sass (Hrsg.), *Informelles Lernen im Jugendalter – Vernachlässigte Dimension der Bildungsdebatte* (S. 15-34). Weinheim, München: Juventa.

Harring, M., Rohlfs, C. & Palentien, C. (2007). Perspektiven der Bildung – eine Einleitung in die Thematik. In M. Harring, C. Rohlfs & C. Palentien (Hrsg.), *Perspektiven der Bildung – Kinder und Jugendliche in formellen, nicht-formellen und informellen Bildungsprozessen* (S. 7-14). Wiesbaden: VS.

Hartig, J. & Klieme, E. (2006). Kompetenz und Kompetenzdiagnostik. In K. Schweizer (Hrsg.), *Leistung und Leistungsdiagnostik* (S. 127-143). Berlin: Springer.

Heim, R. (2002). Sportpädagogische Kindheitsforschung – Bilanz und Perspektiven. *Sportwissenschaft, 32*, 284-302.

Heim, R. (2008). Bewegung, Spiel und Sport im Kontext von Bildung. In W. Schmidt (Hrsg.), *Zweiter Deutscher Kinder- und Jugendsportbericht, Schwerpunkt: Kindheit* (S. 21-34). Schorndorf: Hofmann.

Heinemann, K. & Horch, H.-D. (1988). Strukturbesonderheiten des Sportvereins. In H. Digel (Hrsg.), *Sport im Verein und im Verband* (S. 108-122). Schorndorf: Hofmann.

Heinemann, K. (2004). *Sportorganisationen verstehen und gestalten*. Schorndorf: Hofmann.

Hitzler, R., Bucher, T. & Niederbacher, A. (2001). *Leben in Szenen – Formen jugendlicher Vergemeinschaftung heute*. Opladen: Leske + Budrich.

Hornberg, S. & Bos, W. (2007). Schule als Ort der Bildung – Schule im internationalen Vergleich: Der Beitrag von internationalen Schulleistungsstudien am Beispiel von PIRLS/IGLU. In In M. Harring, C. Rohlfs & C. Palentien (Hrsg.), *Perspektiven der Bildung – Kinder und Jugendliche in formellen, nicht-formellen und informellen Bildungsprozessen* (S. 155-184). Wiesebaden: VS.

Hurrelmann, K. (2002). *Einführung in die Sozialisationstheorie* (8. Aufl.). Weinheim, Basel: Beltz.

Kanning, U. (2003). *Diagnostik sozialer Kompetenzen*. Göttingen: Hogrefe.

Kelle U. & Kluge S. (1999). *Vom Einzelfall zum Typus. Fallvergleich und Fallkontrastierung in der qualitativen Sozialforschung*. Opladen: Leske + Budrich.

Kirchhöfer, D. (2004): *Lernkultur Kompetenzentwicklung – Begriffliche Grundlagen*. Berlin: ESM.

Klieme, E. & Hartig, J. (2007). Kompetenzkonzepte in den Sozialwissenschaften und im erziehungswissenschaftlichen Diskurs [Kompetenzdiagnostik]. *Zeitschrift für Erziehungswissenschaft, 8*, 11-29.

Kurz, D. & Tietjens, M. (2000). Das Sport- und Vereinsengagement der Jugendlichen – Ergebnisse einer repräsentativen Studie in Brandenburg und Nordrhein-Westfalen. *Sportwissenschaft, 30*, 384-407.

Kurz, D., Sack, H.-G. & Brinkhoff, K.-P. (1996). *Kindheit, Jugend und Sport in Nordrhein-Westfalen – Der Sportverein und seine Leistungen*. Düsseldorf: Moll.

Lamnek, S. (2005). *Qualitative Sozialforschung – Lehrbuch* (4., vollständig überarbeitete Aufl.). Weinheim, Basel: Beltz.

Leontjew, A. N. (1973). *Probleme der Entwicklung des Psychischen*. Berlin: Volk und Wissen.

Leu, H.R. (2005). Zur Konzipierung non-formaler und informeller Bildung in einem Nationalen Bildungsbericht. (S. 360-376). In T. Fitzner, T. Schlag & M.W. Lallinger (Hrsg.), *Ganztagsschule – Ganztagsbildung*. Bad Boll: Evangelische Akademie.

Lipski, J. (2004). Für das Leben lernen: Was, wie und wo? Umrisse einer neuen Lernkultur. In B. Hungerland & B. Overwien (Hrsg.), *Kompetenzentwicklung im Wandel – Auf dem Weg zu einer informellen Lernkultur?* (S. 236-251).Wiesbaden: VS.

Livingstone, D.W. (1999). *Exploring the Icebergs of Adult Learning. Findings of the first Canadian Survey of informal learning Practices*. Zugriff erfolgte am 15. September 2008 unter http://www.oise.utoronto.ca/depts/sese/csew/nall/res/cjsaem.pdf

Marsick, V.J., Volpe, M. & Watkins, K.E. (1999). Theory and practice of informal learning in the knowledge era. In V.J. Marsick & M. Volpe (Eds.), *Informal Learning on the Job. Advances in Developing Human Resources* (pp. 80-95). Baton Rouge: Academy of Human Resources Development.

Mayring, P. (2003). *Qualitative Inhaltsanalyse. Grundlagen und Techniken* (8. Aufl.). Weinheim: Beltz.

Menze-Sonneck, A. (2002). Zwischen Einfalt und Vielfalt – Die Sportvereinskarrieren weiblicher und männlicher Jugendlicher in Brandenburg und Nordrhein-Westfalen. *Sportwissenschaft, 32*, 147-169.

Messner, R. (2003). PISA und die Allgemeinbildung. *Zeitschrift für Pädagogik, 49*, 400-412.

Münchmeier, R. (1998). „Entstrukturierung" der Jugendphase – Zum Strukturwandel des Aufwachsens und zu den Konsequenzen für die Jugendforschung und Jugendtheorie. *Aus Politik und Zeitgeschichte, 31*, 3-13.

Nagel, S. (2006). *Sportvereine im Wandel – Akteurtheoretische Analysen zur Entwicklung von Sportvereinen*. Schorndorf: Hofmann.

Nagel, S. & Conzelmann, A. & Gabler, H. (2004). *Sportvereine – Auslaufmodell oder Hoffnungsträger? Die WLSB-Vereinsstudie*. Tübingen: Attempto

Neuber, N. (2003). Erwartungen Jugendlicher zum Sport im Verein – eine Untersuchung im Rahmen der Qualitätsoffensive „Jugendarbeit im Sportverein. In N. Neuber (Red.), *Jugendarbeit im Sport – Ein Handbuch für die Vereinspraxis* (S. 41-56). Duisburg: Sportjugend NRW.

Neuber, N. (2004). Zwischen Moratorium und Transition – Entfaltungsbedürfnisse und Entwicklungsaufgaben Jugendlicher im Schul- und Freizeitsport. *Sportwissenschaft, 34*, 391-413.

Neuber, N. (2007). *Entwicklungsförderung im Jugendalter – Theoretische Grundlagen und empirische Befunde aus sportpädagogischer Perspektive* (Wissenschaftliche Schriftenreihe des Deutschen Olympischen Sportbundes, 35). Schorndorf: Hofmann.

Neuber, N. (Hrsg.) (2010). *Informelles Lernen im Sport – Beiträge zur allgemeinen Bildungsdebatte*. Wiesbaden: VS.

Nitsch, J.R. (2000). Handlungstheoretische Grundlagen der Sportpsychologie. In H. Gabler, J.R. Nitsch & R. Singer (Hrsg.), *Einführung in die Sportpsychologie. Teil 1 Grundthemen* (S. 43-164). Schorndorf: Hofmann.

Otto, H.-U. & Kutscher, N. (Hrsg.). (2004). *Informelle Bildung Online. Perspektiven für Bildung, Jugendarbeit und Medienpädagogik.* Weinheim und München: Juventa.

Otto, H.-U. & Coelen, T. (2004). Auf dem Weg zu einem neuen Bildungsverständnis: Ganztagsschule oder Ganztagsbildung? In H.-U. Otto & T. Coelen (Hrsg.), *Grundbegriffe der Ganztagsbildung. Beiträge zu einem neuen Bildungsverständnis in der Wissensgesellschaft* (S. 14-20). Wiesbaden: VS.

Overwien, B. (1999). Außerhalb europäischer Wahrnehmung: Traditionelles berufliches Lernen in Afrika und die informelle Lehre in Lateinamerika. In B. Overwien, C. Lohrenscheit & G. Specht (Hrsg.), *Arbeiten und Lernen in der Marginalität* (S. 163-176). Frankfurt a.M.: IKO.

Overwien, B. (2004). Internationale Sichtweisen auf „informelles Lernen" am Übergang zum 21. Jahrhundert. In H.-U. Otto & T. Coelen (Hrsg.), *Grundbegriffe der Ganztagsbildung. Beiträge zu einem neuen Bildungsverständnis in der Wissensgesellschaft* (S. 14-20). Wiesbaden: VS.

Overwien, B. (2005). Stichwort: Informelles Lernen. *Zeitschrift für Erziehungswissenschaft, 8,* 339-355.

Overwien, B. (2006). Informelles Lernen – Zum Stand der internationalen Diskussion. In T. Rauschenbach, W. Düx & E. Sass (Hrsg.), *Informelles Lernen im Jugendalter – Vernachlässigte Dimension der Bildungsdebatte* (S. 35-62). Weinheim, München: Juventa.

Pauli, B. (2005). Kooperation Schule und Jugendarbeit – Neue Bildungsvielfalt durch ganztägige Bildungs- und Betreuungsangebote. *Die Ganztagsschule* (Heft 2/3). Zugriff erfolgte am 14.11.2005 unter http://www.ganztagsschulverband.de/Dowload/Kooperation.pdf

Rauschenbach, T. (2006). Statements. In Sportjugend NRW & Innenministerium NRW (Hrsg.), *Die Zukunft des Kinder- und Jugendsports* (Dokumentation der Talkrunde am 20.2.2006 in Köln). Duisburg: Sportjugend NRW.

Rauschenbach, T. (2009). *Zukunftschance Bildung – Familie, Jugendhilfe und Schule in neuer Allianz.* Weinheim, München: Juventa.

Rauschenbach, T., Düx, W. & Sass, E. (Hrsg.). (2006). *Informelles Lernen im Jugendalter – Vernachlässigte Dimension der Bildungsdebatte.* Weinheim, München: Juventa.

Reinders, H. (2003). *Jugendtypen – Ansätze zu einer differentiellen Theorie der Adoleszenz.* Opladen: Leske + Budrich.

Reinders, H. & Butz, P. (2001). Entwicklungswege Jugendlicher zwischen Transition und Moratorium. *Zeitschrift für Pädagogik, 47,* 913-928.

Reinders, H. & Wild, E. (2003). Adoleszenz als Transition und Moratorium – Plädoyer für eine Integration gegenwarts- und zukunftsbezogener Konzeptionen von Jugend. In H. Reinders & E. Wild (Hrsg.), *Jugendzeit – Time Out? Zur Ausgestaltung des Jugendalters als Moratorium* (S. 15-36). Opladen: Leske + Budrich.

Reutlinger, C. (2006). Sozialpädagogische Räume – sozialräumliche Pädagogik. Chancen und Grenzen der Sozialraumorientierung. In U. Deinet, C. Gilles & R. Knopp (Hrsg.), *Neue Perspektiven in der Sozialraumorientierung. Dimensionen – Planung – Gestaltung* (S. 23-43). Berlin: Frank & Timme.

Richartz, A. & Brettschneider, W.-D. (1996). *Weltmeister werden und die Schule schaffen* (Schriftenreihe des Bundesinstituts für Sportwissenschaft, 89). Schorndorf: Hofmann.

Sass, E. (2006). „Schule ist ja mehr Theorie..." – Lernen im freiwilligen Engagement und in der Schule aus der Sicht freiwillig engagierter Jugendlicher. In T. Rauschenbach, W. Düx & E. Sass (Hrsg.), *Informelles Lernen im Jugendalter – Vernachlässigte Dimension der Bildungsdebatte* (S. 241-270). Weinheim, München: Juventa.

Scherler, K. (1997). Die Instrumentalisierungsdebatte in der Sportpädagogik. *Sportpädagogik, 21* (2), 5-11.

Schmidt, W., Fischer, U. & Süßenbach, J. (2003). Traditionelle Sportarten im Verein. In N. Neuber (Red.), *Jugendarbeit im Sport – Ein Handbuch für die Vereinspraxis* (S. 104-116). Duisburg: Sportjugend NRW.

Schmidt, W., Hartmann-Tews, I. & Brettschneider, W.-D. (Hrsg.). (2006). *Erster Deutscher Kinder- und Jugendsportbericht* (2. Aufl.). Schorndorf: Hofmann.

Schmidt-Millard, T. (2001). Der Sportverein – Versuch einer pädagogischen Ortsbestimmung. *Brennpunkte der Sportwissenschaft, 5,* (2), 134-151.

Sygusch, R. (2007). *Psychosoziale Ressourcen im Sport – Ein sportartenorientiertes Förderkonzept für Schule und Verein.* Schorndorf: Hofmann.

Sygusch, R. & Herrmann, C. (2010). Formelle Bildung im Kinder- und Jugendsport. In N. Neuber (Hrsg.), *Informelles Lernen im Sport – Beiträge zur allgemeinen Bildungsdebatte* (S. 245-266). Wiesbaden: VS.

Watkins, K. & Marsick, V. (1990). *Informal and Incidential Learning in the Workplace.* London, New York: Routledge.

Weinert, F.E. (2001). Vergleichende Leistungsmessung in Schulen – eine umstrittene Selbstverständlichkeit. In F.E. Weinert (Hrsg.), *Leistungsmessungen in Schulen* (S. 17–31). Weinheim: Beltz.

Witzel, A. (1982). *Verfahren der qualitativen Sozialforschung – Überblick und Alternativen.* Frankfurt, New York: Campus.

Witzel, A. (2000). *Das problemzentrierte Interview.* Forum Qualitative Sozialforschung/Forum: Qualitative Social Research [Online Journal], 1 (1), 27 Absätze. Zugriff erfolgte am 16. Februar 2003 unter http://qualitative-research.net/fqs-texte/1-00/1-00witzel-d.htm

Wopp, C. (2007). Lebenswelt, Jugendkulturen und Sport in der Schule. In R. Laging (Hrsg.), *Neues Taschenbuch des Sportunterrichts. Kompaktausgabe* (3., veränderte und korrigierte Aufl., S. 104-122). Hohengehren: Schneider.

Zeiher, H. (1983). Die vielen Räume der Kinder. Zum Wandel räumlicher Lebensbedingungen seit 1945. In U. Preuss-Lausitz u.a., *Kriegskinder, Konsumkinder, Krisenkinder. Zur Sozialisationsgeschichte seit dem Zweiten Weltkrieg* (S. 176-194). Weinheim: Beltz.

Zinnecker, J. (1991). Jugend als Bildungsmoratorium. Zur Theorie des Wandels der Jugendphase in west- und osteuropäischen Gesellschaften. In W. Melzer, W. Heitmeyer, L. Liegle & J. Zinnecker (Hrsg.), *Osteuropäische Jugend im Wandel* (S. 9-25). Weinheim, München: Juventa.

Zinnecker, J., Behnken, I., Maschke, S. & Stecher, L. (2002). *Null zoff & voll busy – Die erste Jugendgeneration des neuen Jahrhunderts.* Opladen: Leske + Budrich.

Lehrbücher Soziale Arbeit

Schwerpunkt Sozialraum

Fabian Kessl / Christian Reutlinger

Sozialraum
Eine Einführung
2007. 131 S. Br. EUR 14,90
ISBN 978-3-531-14946-2

Was ist ein „Sozialraum"? Was müssen Studierende in den Fachbereichen Soziale Arbeit und Sozialpädagogik, Soziologie, Geographie und Architektur von sozialräumlichen Arbeiten in Theorie und Praxis wissen? Das Lehrbuch stellt einen systematischen Überblick disziplinärer Positionen und relevanter Handlungsfelder zur Verfügung.

Fabian Kessl / Christian Reutlinger / Susanne Maurer / Oliver Frey (Hrsg.)

Handbuch Sozialraum
2005. 659 S. Geb. EUR 49,90
ISBN 978-3-8100-4141-8

Fabian Kessl / Christian Reutlinger (Hrsg.)

Schlüsselwerke der Sozialraumforschung
Traditionslinien in Text und Kontexten
2008. 239 S. (Sozialraumforschung und Sozialraumarbeit Bd. 1) Br. EUR 19,90
ISBN 978-3-531-15152-6

Ulrich Deinet (Hrsg.)

Methodenbuch Sozialraum
2009. 324 S. Br. EUR 29,90
ISBN 978-3-531-15999-7

Detlef Baum (Hrsg.)

Die Stadt in der Sozialen Arbeit
Ein Handbuch für soziale und planende Berufe
2007. 404 S. Br. EUR 39,90
ISBN 978-3-531-15156-4

Wolfgang Budde / Frank Früchtel / Wolfgang Hinte (Hrsg.)

Sozialraumorientierung
Wege zu einer veränderten Praxis
2006. 317 S. Br. EUR 24,90
ISBN 978-3-531-15090-1

Frank Früchtel / Wolfgang Budde / Gudrun Cyprian

Sozialer Raum und Soziale Arbeit
Fieldbook: Methoden und Techniken
2., durchges. Aufl. 2010. 335 S. Br.
EUR 24,95
ISBN 978-3-531-17180-7

Frank Früchtel / Gudrun Cyprian / Wolfgang Budde

Sozialer Raum und Soziale Arbeit
Textbook: Theoretische Grundlagen
2. Aufl. 2010. 228 S. Br. EUR 19,95
ISBN 978-3-531-17195-1

Erhältlich im Buchhandel oder beim Verlag.
Änderungen vorbehalten. Stand: Januar 2010.

www.vs-verlag.de

VS VERLAG FÜR SOZIALWISSENSCHAFTEN

Abraham-Lincoln-Straße 46
65189 Wiesbaden
Tel. 0611.7878-722
Fax 0611.7878-400